Topos Taschenbücher
Band 215

W0231277

Willi Lambert

Aus Liebe zur Wirklichkeit

Grundworte ignatianischer Spiritualität

Topos Taschenbücher

Die Deutsche Bibliothek - CIP-Einheitsaufnahme

Lambert, Willi:
Aus Liebe zur Wirklichkeit : Grundworte ignatianischer
Spiritualität / Willi Lambert. - 1. Aufl. - Mainz : Matthias-
Grünewald-Verl., 1991
   (Topos-Taschenbücher ; Bd. 215)
   ISBN 3-7867-1585-8
NE: GT

© 1991 Matthias-Grünewald-Verlag, Mainz
Alle Rechte vorbehalten. 1. Auflage 1991
Reihengestaltung: Harald Schneider-Reckels und Iris Momtahen
Umschlag: Susanne Schneider, unter Verwendung eines Fotos
von Nils Loose: Ignatius schreibt die Ordensregel. Gemälde von
Jusepe de Ribera (Ausschnitt)
DTP: Manfred Werkmeister, Mainz
Druck und Bindung: Clausen & Bosse GmbH, Leck

Inhalt

Vorwort

Meist wird das Vorwort für ein Buch erst zuletzt verfaßt. Dies gibt dem Autor die Gelegenheit, so er will, im nachhinein als Absicht zu erklären, was ungeplant war und unterm Schreiben einfach gewachsen ist. Was war beabsichtigt mit diesem Buch, und was ist unterwegs ungeplant dazugewachsen?

Der Ausgangspunkt war in gewissem Sinn eine Mischung von Zufall und Notwendigkeit:

Zufall war, daß ich in einem Italienisch-Wörterbuch auf den ersten zwei Seiten die 100 am meisten gebrauchten Wörter abgedruckt fand. Diese machen, so hieß es, bereits 50 % des gesamten gesprochenen Wortschatzes aus.

Die Notwendigkeit bestand darin, daß ich in meiner Aufgabe als Jesuit und Spiritual am Collegium Germanicum et Hungaricum in Rom den Theologiestudenten immer wieder ignatianische Spiritualität vermitteln sollte. Zufall und Notwendigkeit vereinten sich zu der Idee, zu schauen, welches die am meisten gebrauchten, die typischsten ignatianischen Worte sind. Dies war der Ausgangspunkt für den »Ignatianischen Grundwortschatz«.

In meiner Aufgabe als geistlicher Assistent für die Gemeinschaft Christlichen Lebens (GCL) in Deutschland wurde ich immer wieder darin bestätigt, diesen Grundwortschatz weiterzuschreiben. Denn es ist auch für Menschen, die aus der ignatianischen Exerzitienspiritualität leben, nicht einfach, diese im Gespräch zu vermitteln. Ignatius ist wortkarg, oft spröde in seinen Formulierungen, und schließlich feiern wir 1991 seinen zeitlichen und damit auch in gewissem Sinn geistigen Abstand von uns: die Erinnerung an seinen Geburtstag vor 500 Jahren. So war es meine Hauptabsicht, ignatianische Spiritualität in verständlicher Weise darzustellen. Dem dienen die relativ kurzen Leseabschnitte. Daß in ihnen einmal der Blick mehr auf Ignatius fällt und stärker historisch ausgerichtet ist, dann wieder mehr von ihm absieht, hat sich mehr oder weniger zufällig ergeben.

Am Anfang des Buches stand ein Zufall, am Schluß eine gewisse Notwendigkeit: das Buch im Ignatius-Jubiläums-jahr fertigzustellen. Ohne die vielfältige intensive Mithilfe von Frau Elisabeth Meuser, der ich dafür herzlich danke, wäre dies nicht möglich gewesen. Ich danke auch meiner Ordensgemeinschaft, den Jesuiten, die mir die jesuitische Interpretation von Ignatius nahebrachten. Der Gemein-schaft Christlichen Lebens (GCL) und einigen Diözesan-priestern danke ich dafür, daß sie mich teilnehmen lassen an ihrer für sie selbst und andere fruchtbaren Neuentdek-kung des ignatianischen Charismas.

Und mein Dank an Ignatius? Ein wenig geht es mir mit ihm wie mit meinem eigenen Namenspatron. Als Kind drehte ich sein Bild an der Wand immer wieder um – und die Mutter drehte es wieder nach vorne. Die etwas dunkel und streng geratene Kohlezeichnung flößte mir wohl ein wenig Angst ein. Es hat lange gedauert, bis ich ihn zu mei-ner eigenen Überraschung gerade als Überwinder falscher Ängste kennengelernt habe.

Auch Ignatius kann helfen, Ängste abzubauen, Ängste vor der Wirklichkeit. Er ist ein Heiliger der Wirklichkeit. Ge-meint sind damit alle menschlichen Wirklichkeiten des Le-bens und der Welt. Gemeint ist dabei aber bei Ignatius vor allem Gott als das »ens realissimum«, als die wirklichste Wirklichkeit, die »aus Liebe zur Wirklichkeit« Mensch ge-worden ist. Diese in Jesus Christus erschienene »Men-schenfreundlichkeit Gottes« sucht Ignatius in allem und al-les in ihr.

Meine Dankbarkeit für Ignatius und seinen Glauben, der Gott in aller Wirklichkeit sucht und liebt, wächst von Jahr zu Jahr. Inzwischen habe ich in meinem Zimmer ein Bild von ihm aufgehängt – mit dem Gesicht nach vorne.

Pfingsten 1991   Willi Lambert SJ

Einleitung: Ignatianisch lesen

Mit dem Erwerb eines Buches hat der Käufer auch das Recht erworben, mit diesem Buch so umzugehen, wie er möchte: es zu verschenken, es ungelesen ins Regal zu stellen, es kapitelweise oder in einem Zug durchzulesen. Ich möchte den genannten Möglichkeiten noch einige hinzufügen, die helfen können, aus der Lektüre »einigen Nutzen und Frucht zu ziehen«, wie Ignatius sagen würde.

– Vor allem von seiner Vorliebe für Ritterromane her kennt Ignatius die Lektüre nach dem eigenen Geschmack: Stundenlang konnte er lesen und Wachträumen nachhängen. Der ignatianische Grundwortschatz ist kein Ritterroman, aber es ist erlaubt, ihn je nach Interesse bzw. Langeweile zu lesen und ihn in Wachträumen nachwirken zu lassen.

– Die Ritterromane hat Ignatius meist mit Heißhunger verschlungen und dabei wohl die Erfahrung gemacht, die er dann in seinem Exerzitienbuch mit den Worten festhält: »Nicht das Vielwissen sättigt und befriedigt die Seele, sondern das Verspüren und Verkosten der Dinge von innen her« (EB 2). So lohnt es sich sicher, immer nur den einen oder anderen Abschnitt zu lesen wie bei einem Sonntagsspaziergang: schrittweise den »Wortweg« zu gehen, ab und zu innezuhalten und bei einer Stelle, die einem besonders bedeutsam und ansprechend erscheint, besinnlich zu verweilen.

– Ignatius kennt eine eigene Art von Intensiv-Lektüre. So schreibt er auf vielen Seiten in ein eigenes Buch Worte Christi mit roter und Worte Marias mit blauer Tinte. Man kann mit dem Bleistift in der Hand die Abschnitte dieses Buches lesen und dabei ein Fragezeichen an den Rand machen, wo Fragen entstehen; ein Ausrufezeichen, wo einem ein Licht aufgegangen ist; einen Gedankenstrich, wo man noch weiterdenken möchte.

– Auch der Austausch und das Gespräch über einen Abschnitt kann eine gute Hilfe sein. Ignatius selbst hat oft und gern das geistliche Gespräch gesucht. Vielleicht eignet sich hier am besten ein sogenannter Anhörkreis, bei dem zunächst alle sagen dürfen, was sie besonders angesprochen hat. Nach einer Zeit der Stille kann man sich dann noch einmal austauschen über das, was durch die Worte der anderen in einem selbst angeregt wurde.

– Die Grundworte können auch Hilfe zur Schriftmeditation sein. In jedem Abschnitt finden sich mehrere Schriftworte mit genauer Stellenangabe. Dies soll anregen, nicht nur den einen zitierten Vers zu lesen und zu meditieren, sondern das ganze Umfeld, aus dem er stammt.

– Man kann sich am Schluß der Lektüre immer auch die »ignatianischen« Fragen stellen: Was hat mich besonders bewegt? Was hat das Gesagte mit meinem Leben zu tun? Wie kann ich das, was mir wichtig geworden ist, in meinem täglichen Leben »festmachen«?

– Die Abschnitte des Buches sind in Kapitel geordnet, die in etwa dem Aufbau des Exerzitienbuches entsprechen. So kann es auch eine Möglichkeit sein, mit Hilfe des »Grundwortschatzes« einen Exerzitienweg zu gehen – etwa in »Exerzitien im Alltag«. Dies bedeutet, man nimmt sich über einige Wochen oder Monate hinweg täglich insgesamt eine gute Stunde Zeit für persönliches Beten und den Blick auf die Geschehnisse des Tages, in denen der Geist Gottes eine Botschaft für uns offenbaren will. Viele gehen diesen Weg nicht allein, sondern in Gruppen und/oder mit jemandem, der sie für diese Zeit regelmäßig geistlich begleitet.

– Immer gilt es, bei der Lektüre »wählerisch« zu sein, d.h. das auszuwählen und bei dem zu verweilen, was einem, wie Ignatius sagt, »je mehr hilft«.

– Die vielleicht wichtigste Lektüreanweisung, die Ignatius gibt, findet sich im Exerzitienbuch: »daß jeder gute Christ mehr dazu bereit sein muß, die Aussage des Nächsten für glaubwürdig zu halten, als sie zu verurteilen« (EB 22).

Dies gilt auch für das Bemühen, Ignatius selbst zu verstehen. Er ist »ein schwieriger Patron«: Sein Charakter und seine Mentalität sind nicht jedem sympathisch; seine Heiligkeit hat nicht alle seine menschlichen Grenzen und Schwächen aufgehoben – was er selbst nur zu gut wußte. Zudem gibt es den Graben der Geschichte von fünf Jahrhunderten, der nicht einfach zu überspringen ist.

Eine weitere Schwierigkeit liegt bei der Leserin/beim Leser des 20. Jahrhunderts: Eine ganze Reihe von Worten sind für sie/ihn Reizworte, Tabuworte, aber für Ignatius ausgesprochen wichtig. Zu diesen gehören »Gott«, »Gehorsam«, »kirchliche Gesinnung«, »Ordnung«, »Abtötung« usw. Das innere Befremden kann dazu führen, schnell abzuschalten und nicht mehr nach der in diesen Worten verborgenen Wahrheit zu suchen. Man muß Ignatius sozusagen gegen den Strich unseres Zeitgeschmacks lesen. Dann freilich entdeckt man unverzichtbare Werte im ignatianischen Grundwort*schatz* und kann mehr Freiheit gegenüber den Grenzen der eigenen Zeit gewinnen.

– Ignatius ist ein Zeuge dafür, in welchem Maß Bücher helfen, und auch dafür, wie Texte über sich hinausführen können. Die Lektüre der Heiligen Schrift und von Heiligenbiographien während seiner Zeit auf dem Krankenlager war wichtig auf seinem Weg der Umkehr. Später dann sind ihm - wie er schreibt - in Gebetserfahrungen die Wahrheiten des Glaubens, des Evangeliums so von innen heraus nahegekommen, daß er auch ohne die Heilige Schrift an sie glauben würde und bereit wäre, dafür zu sterben.

Etwas Schöneres könnte mit diesem »Ignatianischen Grundwortschatz« nicht geschehen, als den Leser über sich hinaus zu einer Berührung durch den Geist Gottes zu führen.

Im folgenden stehen die Abkürzungen EB für »Exerzitien-buch« (Ignatius von Loyola, Geistliche Übungen. Übertr. und erkl. von Adolf Haas, Freiburg 1988), PB für »Pilger-bericht« (Ignatius von Loyola, Der Bericht des Pilgers. Übers. und erl. von Burkhart Schneider, Freiburg 1977), GT für »Geistliches Tagebuch« (Ignatius von Loyola, Das geistliche Tagebuch. Hrsg. von Adolf Haas, Freiburg 1961), GB für »Geistliche Briefe« (Ignatius von Loyola, Geistliche Briefe. Eingeführt von Hugo Rahner, Einsiedeln 1956) und Konst. für »Konstitutionen der Gesellschaft Jesu«.

Das Ganze im Blick

Weg

Wenn man die ignatianische Spiritualität mit einem einzigen Wort charakterisieren will, ist das Wort »Weg« dafür sehr zutreffend. Auch wenn Ignatius dieses Wort nicht übermäßig oft gebraucht, so kommt es doch immer wieder und an entscheidenden Stellen vor und durchatmet sein ganzes Leben, Glauben und Fühlen.

Zunächst war der Weg des 1491 auf Schloß Loyola geborenen Basken Inigo de Loyola ein Weg nach oben: eine Karriere am Hof. Mit einer schweren Knieverletzung, die er sich bei der Verteidigung der Festung Pamplona 1521 zuzog, begann sein geradlinig geplanter Weg nach oben zu einem geistlichen Umkehrweg und zu einer »Karriere nach unten« zu werden. Sie führte ihn in alle Tiefen bis zur Versuchung zum Selbstmord, aber auch in alle Höhen gläubig-mystischer Verbundenheit mit Gott.

Auf diesem seinem Lebensweg versteht sich Ignatius als »Pilger«. Jeder Mensch ist homo viator, d.h. Mensch auf dem Weg. Es ist aber typisch Ignatius, daß er die Pilgerschaft so sehr als sein persönliches spirituelles Lebensgefühl erfährt, daß er Briefe immer wieder mit »der Pilger« unterschreibt. Er bekennt sich öffentlich dazu, und es ist angemessen, daß seine geistliche Autobiographie unter dem Titel »Bericht des Pilgers« erschienen ist. Dort erzählt er von seinen Wegen, die ihn zu Fuß, auf Reittieren und Schiffen durch Europa, nach England und Jerusalem führten. Dabei will er aber nur das eine zeigen: »wie Gott ihn führte«.

Dieser sein innerlicher Weg hat seinen Niederschlag im Exerzitienbuch, in den »Geistlichen Übungen« gefunden. Diese vergleicht Ignatius selbst mit dem »Gehen und Laufen«. Als Begleiter gibt Ignatius dem betenden Menschen

Hilfen, geistliche Erfahrungen zu machen. Wegspiritualität ist immer auch verbunden mit geistlicher Erfahrung. Auf dem Gebetsweg der Exerzitien begleitet Ignatius den Menschen durch alle »spirituellen Landschaften«: in den Garten Eden, durch die Wüste, durch dunkle Schluchten, auf den Tabor, nach Golgota und auf den Berg der Himmelfahrt und Aussendung.

Der betende, übende Mensch ist eingeladen, Weggefährte Jesu zu werden, der selbst *der Weg* ist, auf dem Gott dem Menschen entgegenkommt. Wie auf jedem Weg gibt es auch hier wichtige Wegkreuzungen, an denen es gilt, Entscheidungen zu treffen. Ignatianische Spiritualität ist eine Spiritualität der Entscheidung, der Entschiedenheit, der Freiheit. Vor allem bei den Übungen und Hinweisen zur Wahl finden sich viele ignatianische Entscheidungs- und Weghilfen. Die »Unterscheidung der Geister« hilft, Spuren zu finden und zu unterscheiden, ob sie in die Richtung Gottes, d.h. zu mehr Glauben, Hoffen und Lieben, führen oder in die Gegenrichtung zu mehr Mißtrauen, Hoffnungslosigkeit und Egoismus.

Den Spuren Gottes kann nur ein Mensch folgen, der aus der »Freiheit des Geistes«, der Indifferenz lebt: Diese »engagierte Gelassenheit« (Teilhard de Chardin SJ), die »Schwebe des Lebendigen« (Max Frisch) ermöglicht es, offen zu sein für alle Wegrichtungen, in die hinein der Geist Gottes ruft.

Diese innere und äußere Mobilität, oft auch Bereitschaft, »sich disponieren zu lassen«, genannt, kommt in einem der von Ignatius am meisten gebrauchten Worte zum Ausdruck: »je nachdem«. Damit lädt er ein, auf die verschiedensten Situationen, Menschen, Zeiten, Umstände immer neu und differenziert einzugehen.

Das ignatianische »magis«, d.h. »mehr«, muß in der Sprache der Wegspiritualität mit »weiter« übersetzt werden: Wachse weiter, liebe weiter, geh weiter. Der erste Schritt, zu dem dieses »weiter« führt, ist der Schritt aus der bloß egoistischen Ichbefangenheit heraus. Hierzu schreibt Ignatius im Exerzitienbuch: »Das soll ein jeder bedenken, daß er in allen geistlichen Dingen nur insoweit Fortschritte machen wird, als er herausspringt aus seiner Eigenliebe, seinem Eigenwillen und seinem Eigennutz« (EB 189).

Der Schritt aus sich heraus ist ein Schritt auf die anderen Menschen zu. Für Ignatius wurde es immer mehr zu seinem Lebensinhalt, zu den Menschen zu gehen, um sie zu Gott, zu Christus zu führen. Dafür nahmen er und die Seinen alle Wege auf sich. Um »den Seelen zu helfen«, war ihm kein Weg zu steil oder zu lang und kein Widerstand zu groß.

Als »Dienst-Bote« Jesu verkündete er überall und auf verschiedenste Weise das Evangelium. Damit seine Gefährten wie die Jünger, die Apostel unterwegs zu den Menschen sein könnten, wollte er für seine Gemeinschaft auch kein Chorgebet. »Zu unserer Berufung gehört es, viele Länder zu durchwandern«, heißt es in einer der Ordensregeln.

Auf diesem geistlichen Weg hat sich bei Ignatius und seinen Gefährten eine bestimmte »spirituelle Gangart«, ein Stil, eine Weise des Vorgehens – »noster modus procedendi« – herausgebildet. Auch dies ist kennzeichnend für die ignatianische Wegspiritualität: ein Gespür für Stil und Methode und durchdachte Vorgehensweise zu haben.

Hierbei geht es freilich nicht um ein »geistliches Management«. Getragen sind solche Vorgehensweisen von einer Grundhaltung, die Ignatius »Ehrfurcht und Ehrerbietung« nennt. In seinem geistlichen Tagebuch notiert er, daß dies *der Weg* sei, der ihn zu Gott und den Geschöpfen führe.

Ignatius geht es um die Ehre, die Verherrlichung Gottes in allem. Die Ehrfurcht läßt ihn »Gott in allen Dingen suchen und finden«. Dieses Ignatiuswort ist sozusagen der »christliche Laufpaß«, in allen Situationen, in der Einsamkeit, im Beruf, im Gebet, in der Freundschaft, in der Arbeit, in der Liturgie, im Nächsten, in Trauer und Freude Gott zu suchen und zu finden.

Es ist ein bezeichnender Zufall, daß die erste Kirche, die Ignatius und seine Gefährten in Rom bekamen, die der

»Madonna della Strada«, der Maria vom Wege ist. Maria war Ignatius immer eine Wegbegleiterin auf seinem geistlichen Lebensweg gewesen. – Einer, der »den Pilger« auf diesem Weg einmal sah, sprach von ihm als dem »kleinen Spanier, der hinkt und so fröhliche Augen hat«.

Warum nicht ?!

Ein häufiger Gesprächspartner von Jesuiten soll einmal gefragt haben: »Warum stellt ihr Jesuiten denn immer, wenn man euch etwas fragt, gleich eine Gegenfrage?« – Antwort des Jesuiten: »Warum nicht?!«... – Die Betonung des Hörens und Nachfragens ist durchaus ignatianisch. Sie ist der Versuch, möglichst nah an den eigentlichen Fragepunkt des Gegenübers heranzukommen. Bei Karl Rahner SJ, dem großen Theologen dieses Jahrhunderts, ist das Fragen zur theologischen Methode geworden. Er war überzeugt, daß die Antwort sich fast von selbst nahelegt, wenn nur die Frage tief und genau genug gestellt wird.

Das »Warum« und »Warum nicht« steht im Leben von Ignatius aber nicht nur im Dienst des Hörens und Fragens, sondern zeigt etwas von seinem menschlichen Charakter und geistlichen Profil. Darauf hat Hugo Rahner SJ, ein hervorragender Kenner der ignatianischen Spiritualität, in der Einleitung seines Werkes »Ignatius als Mensch und Theologe« (Freiburg 1964) aufmerksam gemacht:

»*Pour quoy non. Warum nicht. Dieser Wappenspruch steht unter dem Gemälde der Verkündigung Mariens in der Schloßkapelle von Loyola ... 1497 kam das Bild nach Loyola, als der letztgeborene Sohn des Hauses, Inigo, seine ersten kindlichen Proben des Muts ablegte. Vor diesem Bild betete er in den Wochen seiner Bekehrung, als er immer wieder das entscheidende Warum oder Warum-nicht bedachte und langsam einzusehen begann, daß es kein hinderndes Warum gibt für einen Menschen, der Gott dienen will als ›noble caballero‹.*«

Was kann dieser Wappenspruch alles über den »noblen Kavalier« Ignatius sagen?

Vielleicht schwingt zunächst das »Warum?« und »Warum nicht?« aller Kinderfragen mit. Warum muß ich schon ins Bett? Warum darf ich nicht mitkommen? usw. Vielleicht hat es auch die Untertöne jenes jugendlichen Anfragens, das gegen das »Das war immer schon so!« der Alten sein »Warum nicht anders?« setzt.

Deutlich und nachprüfbar ist beim jungen Ignatius der ritterliche, manchmal aggressive und tollkühne, herausfordernde Ton zu hören: wenn er vor Gericht zitiert wird wegen »verschiedener und großer Vergehen«; wenn er sich als der »beste Fechter, Meister in allen Waffenübungen« zeigt; wenn er Leute aus dem Weg treibt, die sich ihm in den Weg stellen; wenn er als einziger in hoffnungsloser Situation für die Verteidigung der Festung Pamplona stimmt; wenn er von Großtaten und Abenteuern träumt. Das ist das ritterliche »Warum nicht?«, das sich auf Herausforderungen geradezu freut.

Eine entscheidende Klärung, Läuterung und Vertiefung des »Warum nicht?« geschieht in dem Maße, in dem Ignatius innerlich erfaßt, was es heißt, daß Gottes Liebe in Jesus Mensch geworden ist. In einer zentralen Betrachtung der Exerzitien wird dies deutlich:

»Ich stelle mir Christus unseren Herrn gegenwärtig und am Kreuz hängend vor und beginne ein Zwiegespräch: Warum er als Schöpfer dazu kam, Mensch zu werden und vom ewigen Leben zum zeitlichen Tod abzusteigen. Und ich frage mich, was ich für Christus tun soll« (EB 53).

Dieses Geschehen ist für Ignatius so unfaßbar, wie es für Maria in der Verkündigungsszene war, vor deren Bild er in der Schloßkapelle oft gebetet hat. Seine Frage »Warum...?« erhält die unbegreifliche Antwort der göttlichen Liebe: »So sehr hat Gott die Welt geliebt, daß er seinen einzigen Sohn hingab, damit jeder, der an ihn glaubt, nicht zugrunde geht, sondern das ewige Leben hat« (Joh 3,16).

Immer dort, wo ein Mensch sich am Ende seiner Möglichkeiten glaubt, können ihm durch das Wirken des Geistes Gottes neue Möglichkeiten zuwachsen: Warum sollst du, Sara, in deinem Alter kein Kind mehr bekommen? Warum sollst du, Mose, mit deiner stotternden Sprache nicht in meiner Kraft und mit Hilfe deines Bruders vor dem Pharao reden können? Warum sollst du, Jeremia, der du dich »zu jung« fühlst, nicht doch mein Prophet sein können? Warum soll aus dir, Maria, nicht die Liebe Gottes geboren werden können durch die überschattende Kraft des Gottes-Geistes? Warum sollst du dir nicht die Füße waschen lassen, Petrus? – Immer: »Warum nicht?!« Diese Frage der göttlichen Liebe macht alle menschlichen Einwände und Ausflüchte zunichte: »Für Menschen ist das unmöglich, aber nicht für Gott; denn für Gott ist alles möglich« (Mk 10,27).

Dies gilt für die letzten Grenzen, an die ein Mensch kommt, aber auch für alltägliche Grenzen: Soll ich den ersten Schritt zur Versöhnung tun? Warum nicht?! – Soll ich noch einmal an diese schwierige Aufgabe herangehen? Warum nicht?! - Soll ich mir die Sache nochmals überlegen und mich vielleicht umentscheiden?! Warum nicht?! ...

Ignatius hat die Frage gestellt, warum Gottes Liebe Mensch geworden ist. Er wurde durch die göttliche Antwort im Kern seines Lebens gewandelt. In der Antwort, die er gibt – »Ich frage mich, was ich für Christus tun soll« –, »erfassen wir die innerste Mitte seiner Theologie und den Quellgrund für seine kirchengestaltenden Taten« (Hugo Rahner SJ).

Wirklichkeit

Realismus, Wirklichkeitssinn sind keine Haltungen, die man spontan mit Frömmigkeit und Spiritualität verbindet. Bei Ignatius kann und muß man dies tun. Er kann als Realist unter den Heiligen bezeichnet werden, auch wenn am Anfang seines Weges »pubertäre« und wirklichkeitsfremde Träume von skurril wirkenden Großtaten standen. Zumeist ist Ignatius wortkarg und »läßt Taten sprechen«, doch zeigt auch seine Sprache seine Nähe zur Wirklichkeit: Erfahrung, Werke, Wirklichkeit, Ziel und Mittel, »Gott in allen Dingen« sind wichtige Begriffe für ihn. Vor allem seine Sicht von Christus als dem »Herrn und Schöpfer aller Dinge« verweist auf einen »Glauben, der die Erde liebt« (Karl Rahner).

Die Schilderung eines Erleuchtungserlebnisses, das Ignatius am Cardoner-Fluß hatte, läßt ahnen, wie grundlegend dieses für sein ganzes Leben war und wie sehr er dadurch an die Wirklichkeiten des Glaubens und der Welt herangeführt wurde:

»Wie er nun so dasaß, begannen die Augen seines Verstandes sich ihm zu eröffnen. Nicht als ob er irgendeine Erscheinung gesehen hätte, sondern es wurde ihm das Verständnis und die Erkenntnis vieler Dinge über das geistliche Leben sowohl wie auch über die Wahrheiten des Glaubens und über das menschliche Wissen geschenkt. Dies war von einer so großen Erleuchtung begleitet, daß ihm alles in neuem Licht erschien. Und das, was er damals erkannte, läßt sich nicht in Einzelheiten darstellen, obgleich es deren sehr viele waren. Nur daß er eine große Klarheit in seinem Verstand empfing. Wenn er im ganzen Verlauf seines Lebens nach mehr als zweiundsechzig Jahren alles zusammennimmt, was er von Gott an Hilfen erhalten und was er jemals gewußt hat, und wenn er all dies in eines faßt, so hält er dies doch nicht für so viel, wie er bei jenem einmaligen Erlebnis empfangen hat. Dieses Ereignis war so nachdrücklich, daß sein Geist wie ganz erleuchtet blieb. Und es war ihm, als sei er ein anderer Mensch geworden und habe einen anderen Verstand erhalten, als er früher besaß« (PB 30).

Ignatius hat beim Erzählen getan, was er konnte, um dieses Erlebnis als einmalig und zentral zu kennzeichnen. Es zeigt uns, wie seinem innersten Bewußtsein eine synthetische Schau der Wirklichkeit geschenkt wurde, der Wirklichkeit des Glaubens *und* des »menschlichen Wissens«.

Die göttlich-menschliche Wirklichkeit, die sich Ignatius in dieser Weise offenbarte, lud ihn ein, sich ganz an sie hinzugeben – nicht nur im innerlichen Verstehen, sondern auch im Tun und Wirken. »Wirksamkeit« ist darum für Ignatius ein bedeutsames Kriterium für seine Begegnung mit der Wirklichkeit. So wie es vom Wort Gottes heißt, daß es nicht »wirkungslos« zurückkehrt, sondern vollbringt, was ihm aufgetragen ist (vgl. Jes 55,11), so will Ignatius durch seinen Dienst mitwirken, daß das Evangelium Jesu Christi Frucht bringt.

Mit seinem Wirklichkeitsverständnis ist Ignatius ganz nahe am Ursinn des Wortes: Wirklichkeit, Werk, Wirken, Gewirk, Wirbel – ja, Wurm, der sich windet –, »Irrsal und Wirrsal« (wie Martin Buber die Anfangswirklichkeit der Schöpfung, das Tohuwabohu, übersetzt) stammen aus derselben Wurzel und bildhaften Vorstellung. In dieses Gewirk der Wirklichkeit sieht sich Ignatius hineinverwoben. Gott schenkt dem Menschen die ganze Wirklichkeit, schreibt Ignatius in einem seiner Briefe: »Sein und Leben,... die Kräfte der Seele, Kräfte des Leibes samt den äußeren Gütern,... Gaben seiner Gnade,... schließlich das ganze Universum und was darin an Stoff und Geist enthalten ist,... sich selbst..., indem Er ›sich uns zum Bruder gab in unserem Fleische‹«.

»Gott umarmt uns durch die Wirklichkeit«, lautet ein zartes geistliches Wort. Ignatianische Spiritualität lädt ein, sich von der Wirklichkeit umarmen zu lassen und die Wirklichkeit zu umarmen, auch wenn sie zuweilen rauh und abstoßend ist. Der Schriftsteller Arthur Miller schreibt in einem seiner Werke:

»Ich träumte, mein Leben war ein Kind von mir. Aber es war mongoloid, und ich lief weg. Aber es kroch immer wieder auf meinen Schoß. Es zog an meinen Kleidern. Bis ich dachte: Wenn

ich es küssen kann, kann ich vielleicht schlafen. Und ich beugte meinen Kopf über das entstellte Gesicht - es war grauenhaft... aber ich küßte es.«

Heilige sind Menschen, die die Wirklichkeit küssen können. So schreibt Franziskus ausdrücklich in seinem Testament, der Anfang seiner Bekehrung sei gewesen, daß er einen Aussätzigen geküßt habe. Wovon er sich zuvor nur abgestoßen fühlte, das habe er damals als eine innere Süßigkeit empfunden. Auch Ignatius hat immer wieder Menschen mit ekelerregenden, ansteckenden Krankheiten umarmt und ihnen geholfen. Er hat darin die menschgewordene Liebe Gottes umarmt und sich von ihr umarmen lassen. – Darin und »in allen Dingen«.

Gott in allem suchen und finden

Ein Schüler fragt seinen Rabbi: »Sag' mir, wo Gott ist!« Darauf antwortet der Rabbi: »Sag' mir, wo er nicht ist!« Der Beitrag von Ignatius zur Frage der Menschen, wo Gott sei, liegt in den Worten: »Gott in allen Dingen suchen und finden.« – Es gibt viele typische ignatianische Wendungen, aber das Wort »Gott suchen in allen Dingen« ist ein wirklicher Grund-Satz, auf dem alles andere aufbaut.
Man kann sich dieses Suchen und Finden nicht konkret und zugleich geheimnisvoll genug vorstellen. In einem Brief an einen Mitbruder schreibt Ignatius:

Die Studierenden sollen sich »darin üben, die Gegenwart Gottes unseres Herrn in allen Dingen zu suchen, z.B. im Sprechen, im Gehen, Sehen, Schmecken, Hören, Denken, überhaupt in allem, was sie tun; ist ja doch Gottes Majestät in allen Dingen, durch seine Gegenwart, durch sein Wirken und sein Wesen. Diese Art zu ›betrachten‹, bei der man Gott unsern Herrn in allem findet, ist leichter, als wenn wir uns zu geistlichen Stoffen mehr abstrakterer Art erheben wollten, in die wir uns doch nur mit Mühe hineinversetzen können. Auch führt diese vortreffliche Übung große Gnadenheimsuchungen des Herrn herbei selbst bei nur kurzem Gebet und bereitet uns dafür vor« (GB 206).

Sicher könnte man versuchen, diese Sätze genauer zu erklären, Vermutungen anstellen, wie sie gemeint sein könnten. Aber vielleicht würden sie dadurch nur um ihre Wirkung gebracht. Es ist wohl besser, diese Worte einfach so stehenzulassen. Ignatius hat diese geistliche Erfahrung gemacht, und er hat versucht, seine jungen Mitbrüder dazu zu »verführen«: Es geht, ihr werdet sehen; haltet euch offen dafür; es kann euch ein Augenblick dieser geistlichen Erfahrung geschenkt werden, der dann euer ganzes Leben tragen wird. Dann werdet ihr in jedem Tautropfen die Sonne am Himmel und die Sonne Gottes finden. In jedem Menschenantlitz, in jedem Gespräch, im Dunkel und im Licht, in der Freude und in der Not menschlichen Lebens, in heftigen Auseinandersetzungen und in Übereinkünften, in Widerständen und bei Rückenwind, in den Fragen und den Antworten, in der Nähe Gottes und in seiner Ferne – in allem Gott.
Sind dies Worte für uns? Für eine Zeit, in der Gott für tot erklärt wird? Für die Menschen, die glaubten, selbst an Gottes Stelle treten zu können und zu müssen, die aber dann begannen, unter ihrem »Gotteskomplex« zu leiden? Für die Generation, die nicht einmal mehr leidenschaftliche Atheisten hat, die noch in ihrer kämpferischen Leugnung Gottes eine Erinnerung an Gott, an eine Gottesvorstellung wachhielten? Was soll die Gottesfrage in einer Zeit, in der der Mensch auf der Strecke zu bleiben droht? Oder gilt es, wieder neu an Gott zu erinnern um des Menschen willen, der sich sonst in seiner Gottvergessenheit zum »findigen Tier« – wie Karl Rahner sagte – zurückentwickeln könnte? Stellt sich in der Frage: »Adam, Mensch, wo bist Du?«, neu die Frage: »Wo bist Du, Gott?« – »Gott, wo bist Du?« haben nicht wenige in den Vernichtungsla-

gern der Nazizeit gefragt. Manchem wurde die Frage-Antwort gegeben: »Wenn nicht hier, wo dann?«
In allem Gott und in Gott alles – das ist mehr und anderes als bloße religiöse Gefühle. Religion ja – Gott nein, scheint manche gottscheue geistige Richtung zu verkünden. Dafür und dagegen gilt: »Es geht um ›Gottespassion‹, womit Leidenschaft und Leiden derer benannt sind, die sich Gott nicht ausreden lassen, selbst wenn alle Welt bereits glaubt, daß die Religion ihn nicht braucht oder nicht mehr brauchen kann« (J. B. Metz).
Aus der von Menschen gemachten »Religion ohne Gott« hilft nur der Auszug, der Exodus des Menschen aus sich selber. Sonst reicht es immer nur zum Exzeß, nie zur Ekstase. Der Exodus des Menschen aus seinem in sich selbst verkrümmten Ich in die Weite geschieht durch den Geist Gottes selbst. Diese Selbstüberschreitung in das Du Gottes hinein erfuhr Ignatius, wie er sagt, als »ein Glück über alles andere«:

»Wenn einer aus sich selbst ausgegangen ist und eingegangen in seinen Schöpfer und Herrn, immer das vor Augen, immer das verspürend, immer des sich freuend, wie unser Ewiges Gut in allem Geschaffenen ist, ihm Dasein gebend und Erhaltung durch seine gegenwärtige Unendlichkeit, so liegt darin, wie ich meine, ein Glück über alles andere. Denn denen, die unseren Herrn lieben, sind alle Dinge dargeboten als Hilfen, näher zu kommen und eins zu werden immer inniger in wachsender Liebe eben diesem ihrem Schöpfer und Herrn« (GB 58).

Vorbereitung und Anweg

Sehnsucht

»Die Sehnsucht ist der Anfang von allem!« – Die Wahrheit dieses Wortes von Nelly Sachs ist für jeden leicht nachprüfbar: Es gibt wohl kaum etwas Schlimmeres als eine Schulklasse, ein quengeliges Kind, einen Menschen, der nichts will oder nicht weiß, was er will. Wollen, Wünschen, Begehren, Sehnsucht sind »der Anfang von allem«.

Für Ignatius ist diese Sehnsucht so wichtig, daß er sich, für den Anfang, sogar mit der »Sehnsucht nach der Sehnsucht« begnügt. Wenn jemand Christus nachfolgen wolle auf Seinem Weg und nicht die Sehnsucht verspüre, Ihm auch auf dem Kreuzweg zu folgen, dann genüge auch schon die »Sehnsucht nach der Sehnsucht«.

Die Macht der Sehnsucht läßt Ignatius bei jedem Gebet gleich zweimal durch Bitten wecken:

Die erste und immer gleichlautende Bitte ist das sogenannte »allgemeine Vorbereitungsgebet«: »von Gott unserem Herrn die Gnade erbitten dazu hin, daß alle meine Absichten, Handlungen und Beschäftigungen auf den Dienst und das Lob seiner göttlichen Majestät geordnet sind« (EB 46).

Es kann sich sehr lohnen, sich selbst einmal zu fragen: Was wäre denn für mich eine fundamentale Bitte, in der sich die ganze Sehnsucht meines Lebens zusammenfaßt und die ich jeden Tag neu sagen möchte? Es gibt Menschen, die die Erfahrung machen, daß diese »Lieblingsbitte« ihr ganzes Leben und Beten trägt und prägt.

In einer zweiten Bitte läßt Ignatius dann ausdrücken, was man sich für die jeweilige Zeit des Betens ganz speziell, sozusagen als »Sonderwunsch«, erbittet: mehr Selbsterkenntnis, Heilung von inneren Verwundungen, Versöhnungsbereitschaft, tiefere Erkenntnis Christi usw.

So gesehen heißt Beten zuerst, auf die Bewegungen im eigenen Herzen zu lauschen. Dies darf im Vertrauen geschehen, daß der Geist Gottes selber, wie Paulus schreibt, mit unaussprechlichen Worten in uns seufzt (vgl. Röm 8,26). In unserem Sehnen ist Gott gegenwärtig.

Der heilige Augustinus bezeichnet einmal die Sehnsucht nach Gott als das »immerwährende Gebet«:

»Glaube, Hoffnung, Liebe ist ein immerwährendes Beten der Sehnsucht. Zu gewissen Zeiten und Stunden aber beten wir auch mit Worten, auf daß unsere Sehnsucht um so kräftiger sei.«

Derselbe Augustinus schreibt das einfache, große Wort: »Die Sehnsucht Gottes ist der lebendige Mensch.« Die Sehnsucht also ist der Ort, wo Gott und Mensch sich begegnen.

Bei Jesus zeigt sich die Sehnsucht Gottes nach dem Menschen auf verschiedene Weise: dann, wenn er sagt: »Sehnlich habe ich danach verlangt, dieses Mahl mit euch zu feiern« (Lk 22,15), und somit die Sehnsucht zum Ursprung der Eucharistie wird. Dann aber auch, wenn er Kranke fragt: »Was willst du, was soll ich dir tun?«

Jesu Sehnsucht, Gottes Sehnsucht ist der Mensch, und der Mensch wiederum in seiner Gottessehnsucht ist Erscheinungsort Gottes und so Zeugnis für andere Menschen:

»Wie kann man einen Esel, der keinen Durst hat, trotzdem zum Trinken bewegen? Und wie kann man - bei allem Respekt - einen Menschen dazu bringen, nach Gott zu dürsten, wenn er diesen Durst verloren hat und er sich mit Bier und Schnaps, Fernsehen und Autofahren zufriedengibt? Es scheint nur eine Lösung zu geben: Man muß einen durstigen Esel herbeischaffen, der ausgiebig, mit großem Genuß und Behagen, an der Seite seines Artgenossen aus dem Eimer trinkt. Aber ohne jedes Theater, einfach, weil er Durst hat, einen großen, unstillbaren Durst. Das wird seinen Kollegen nicht unbeeindruckt lassen. Die Lust wird ihn ankommen, sich zum Eimer zu neigen und in tiefem Zug das erfrischende Wasser zu schlürfen. Menschen, die Hunger und

Durst nach Gott haben, sind für ihre Mitmenschen eine bessere Predigt als viele erbauliche Reden« (Jacques Loew).

Der heilige Ignatius mit seiner Gottessehnsucht war eine solche Predigt.

Großmut

»Herr, herrscht nicht große Verschwendung in der Schöpfung?
Die Früchte wiegen nicht auf, was an Samen verlorengeht.
Die Quellen versprudeln Wasser im Überfluß.
Die Sonne strahlt Fluten des Lichtes aus.
Möge doch Deine Großherzigkeit mich lehren, was Seelen-
größe ist.
Möge Deine Freigebigkeit mich davor bewahren, knauserig
zu sein.
Damit ich, wenn ich so sehe, welche offene Hand Du hast,
wie generös und gut Du bist,
auch meinerseits gebe, ohne zu rechnen, ohne zu messen,
wie ein Königssohn, wie ein Sohn Gottes.«

Mit diesen Gebetsworten trifft der brasilianische Bischof Dom Helder Câmara genau das, was Ignatius in der fünften Anweisung seines Exerzitienbuches schreibt:

»Für den, der die Übungen macht, ist es von großem Nutzen, in sie einzutreten mit großmütigem Geist und Freiherzigkeit gegenüber seinem Schöpfer und Herrn« (EB 5).

Von den Kommentatoren der Exerzitien wurde die Gesinnung der Großmut immer als eine »Basis-Voraussetzung« für die Exerzitien, die geistlichen Übungen, interpretiert. Kleinlichkeit und Engherzigkeit sind schlechte Voraussetzungen für den Exerzitien- und Lebensweg.
Das läßt sich leicht nachprüfen im Blick auf persönliche Begegnungen: Je mehr Vorbehalte gemacht, je mehr Wenn und Aber in das Gespräch eingebracht werden, je mehr

jeder der Partner auf Absicherungen bedacht ist und befürchtet, zu kurz zu kommen, desto schwieriger kommt es zu einer Begegnung und einem Wachsen der Beziehung. Hier müssen die Partner daran arbeiten, die Vorbehalte langsam abzubauen. – In der Politik ist das die Stunde der »vertrauensbildenden Maßnahmen«.

Wie sieht diese Großmut aus, die ein Mehr an Leben ermöglicht? Für eine Antwort hilft der Rückgriff auf den Urtext des Exerzitienbuchs. Ignatius spricht davon, »con grande ánimo«, also mit einem großen Geist, mit einem weiten Herzen sich auf die Exerzitien einzulassen.

Thomas von Aquin definiert die Großmut als »das Ausgeweitetsein der Seele auf das Große hin« (extensio animi ad magna). Großmütig sein heißt also zunächst, einen Sinn für das Große zu haben: große Hoffnungen, weitreichende Sehnsüchte, Visionen, Träume und großangelegte Perspektiven zu haben. »Ich will alles!« hat die »kleine« Therese einmal gesagt; »Gott allein genügt«, ist das Wort der »großen« Teresa; und Mary Ward drückt dasselbe mit den Worten aus: »Begnüge dich mit nichts, das weniger ist als Gott.« – Diese Worte sind so groß und verschlagen einem fast den Atem, daß man sich schon fast gedrängt fühlt, Partei für das Kleine, das Menschliche, das Begrenzte, Irdische zu ergreifen. Aber für die wirklich großen Heiligen ist dies kein Gegensatz. Sehen sie doch die Offenbarung Gottes, »über den hinaus nichts Größeres gedacht werden kann« (Anselm von Canterbury), im kleinsten Tautropfen, in der Natur, in Jesus, in jedem Menschen.

Gerade der Blick auf den großen Gott, der »in reichem, vollem, gehäuftem, überfließendem Maß« gibt (Lk 6,38), schließt das menschliche Herz auf, selbst weit und groß zu werden. So wie der Blick auf ein gewaltiges Gebirge, eine weite Landschaft oder das Meer den Atem, die Brust weit werden lassen, so wird der Mensch weit, wenn er auf den Gott schaut, der über alle Vorstellungen hinaus groß ist und der »unendlich viel mehr« gibt, als wir zu »erbitten und erdenken« vermögen (Eph 3,20).

Die Großmut Gottes im Vergleich zur Engherzigkeit des Menschen stellt Jesus im Gleichnis vom unbarmherzigen Knecht anschaulich dar: Dem Knecht wird eine astronomisch hohe Schuldensumme erlassen; er selbst aber setzt anschließend einen Mitknecht wegen einer lächerlich kleinen Summe unter Druck (vgl. Mt 18,23–35).

Die Ruf-Christi-Betrachtung in den Exerzitien zeigt einen Christus, der »aufs Ganze« geht und der einlädt, mit ihm »bei Tag sich anzustrengen und bei Nacht zu wachen« (EB 93), um allen das Evangelium zu bringen.

Für Ignatius gibt es auf den »Bittruf« eines so »freigebigen und menschenfreundlichen Königs« (EB 94) nur eine Antwort; sie ist in einem Gebet formuliert, das dem »Ritter« Ignatius zugeschrieben wird:

»Ewiges Wort, eingeborener Sohn Gottes, lehre mich die wahre Großmut. Lehre mich, Dir zu dienen, wie Du es verdienst: zu geben, ohne zu zählen; zu kämpfen, ohne meiner Wunden zu achten; zu arbeiten, ohne Ruhe zu suchen; mich einzusetzen, ohne einen anderen Lohn zu erwarten als das Bewußtsein, Deinen heiligen Willen erfüllt zu haben.«

Exerzitien

»Ignatius« und »Exerzitien« sind zwei Worte, die in einem Atemzug genannt werden müssen. Nicht, daß Ignatius einfachhin der »Erfinder« der Exerzitien, d.h. der geistlichen Übungen, gewesen ist. Geistliches Üben gab es schon immer in der Geschichte der Religionen und der glaubenden Menschen. Mit dem Exerzitienbuch hat Ignatius diesem geistlichen Üben eine neue, fruchtbare Gestalt gegeben. Diese Fruchtbarkeitkeit spiegelt sich in dem Satz, das Exerzitienbuch habe mehr Menschen zu Heiligen »gemacht«, als es Buchstaben hat. Ob die Aussage übertrieben ist oder nicht, eines stimmt: Ignatius hat die Exerzitien als wertvollstes Geschenk an sich und die Kirche angesehen und sie seiner Ordensgemeinschaft als wichtigstes Seelsorgemittel an die Hand gegeben. Er war dankbar, als 1548 das Exerzitienbuch offiziell von der Kirche anerkannt wurde. Die damals gedruckten 500 Exemplare für die Hand von ausgesuchten Exerzitiengebern sind eine bescheidene Anzahl gegenüber den über 1400 folgenden Ausgaben, die zum Teil viele Auflagen erlebten.

Was sind Exerzitien? Ignatius sagt dies in seiner ersten Anweisung im Exerzitienbuch:

»Unter dem Namen geistliche Übungen versteht man jede Art, das Gewissen zu erforschen, sich zu besinnen (meditieren), zu betrachten (kontemplieren), mündlich und rein geistig zu beten und andere geistliche Tätigkeiten, wie später noch erklärt wird. Denn so wie Spazierengehen, Marschieren und Laufen körperliche Übungen sind, gleicherweise nennt man geistliche Übungen jede Art, die Seele vorzubereiten und dazu bereit zu machen, alle ungeordneten Neigungen von sich zu entfernen, und nachdem sie abgelegt sind, den göttlichen Willen zu suchen und zu finden in der Ordnung des eigenen Lebens zum Heil der Seele« (EB 1).

Exerzitien wollen also eine Hilfe dazu sein, daß das Leben eines Menschen glückt und er tiefer hinfindet zur Ursehnsucht seines Lebens: zu Gott. Dabei setzt Ignatius voraus, daß das Leben eines Menschen in einem letzten Sinn dann »gelingt«, wenn es selbst zur Antwort auf Gottes schöpferisches, befreiendes und anrufendes Wort der Liebe wird.

Was geschieht auf dem Weg der Exerzitien? Dies kann auf verschiedene Weise ausgedrückt werden.

Äußerlich gesehen: Jemand zieht sich für 30 Tage (oder auch nur für eine Woche oder einige Tage) in die Stille zurück, hat den ganzen Tag Zeit, betend-meditierend dazusein, und erhält in einem Gespräch mit dem Exerzitienbegleiter Hinweise für den weiteren geistlichen Weg.

Biblisch ausgedrückt: Es wird jemand eingeladen, im Beten und Betrachten den Weg Jesu mitzugehen und sich dadurch, wie die Jünger, wandeln zu lassen. So entsprechen die »vier Wochen« der Exerzitien dem Weg des Evangeliums: Das »Prinzip und Fundament« der Exerzitien greift die Verheißung auf, daß das Reich Gottes nahegekommen ist; die erste Exerzitienwoche entspricht dem Umkehrruf des Evangeliums; in der Zweiten Woche ergeht der Ruf in die Nachfolge; in der Dritten Woche begleitet der Exerzitant Jesus auf dem Kreuzweg und wird in der Vierten Woche zur Begegnung mit dem Auferstandenen eingeladen. Bei diesem Exerzitienweg geht es nicht in erster Linie darum, biblische Grundthemen zu bedenken, sondern sich in einem existentiellen Prozeß auf den Weg mit Christus einzulassen. In diesem Sinn sind die »vier Wochen« des Exerzitienbuches keine Zeitangabe, sondern bezeichnen entscheidende Phasen geistlichen Wachsens.

Das Geschehen auf dem Exerzitienweg kann auch mit fünf Entscheidungen ausgedrückt werden. Es sind dies Weisen, wie sich die Liebe Gottes zeigt, es sind aber auch Einladungen an den Menschen, »Ja« zu sagen zu den Entscheidungen der »Menschenfreundlichkeit Gottes«, die in Christus erschienen ist (vgl. Tit 3,4):

Ja zur schöpferischen Liebe,
Ja zur erlösenden Liebe,
Ja zur rufenden und sendenden Liebe,
Ja zum Leben der Liebe noch im Sterben,
Ja zur siegenden, auferstandenen und vollendenden Liebe.

Wer in dieses vielfache Ja der Liebe Gottes hineinwächst, der weiß sich befreit zu einem schöpferischen Leben; der weiß, daß er schwach und arm sein darf; der weiß, daß er bei seinem Namen gerufen wird und einen Auftrag für sein Leben hat; der weiß, daß auch in der Dunkelheit Sinn und im Sterben Leben gefunden werden kann und daß die Liebe sich in der Auferstehung stärker erweist als der Tod.

Viele geistliche Zeiten nennen sich »Exerzitien«. Wann sind Exerzitien »ignatianisch« im vollen Sinn? Exerzitien sind im Vollsinn ignatianisch,

– wenn sie Gott-zentriert sind, d.h. wenn ihr tiefstes Ziel

ist, zur Begegnung des Menschen mit Gott hinführen zu wollen,
– wenn sie übungsorientiert sind, d.h. wenn nicht nur über Themen nachgedacht, sondern wenn der Weg innerer Erfahrungen beschritten wird,
– wenn sie Christus-bezogen sind, d.h. wenn sie Jesus, die menschgewordene Liebe Gottes, »die durch den Heiligen Geist in unsere Herzen ausgegossen ist« (Röm 5,5), für das eigene Leben, für die eigene Berufung und Sendung bestimmend werden lassen,
– wenn sie prozeßhaft sind, d.h. wenn immer der jeweils eigene existentielle Weg des einzelnen berücksichtigt wird,
– wenn sie ganzheitlich sind, d.h. wenn der ganze Mensch mit Leib und Seele, mit Kopf und Herz und »mit all seinen Kräften« und seiner ganzen Lebensgeschichte dasein und Exerzitien machen darf.

Beim bloßen Lesen wirkt das Exerzitienbuch »trocken« und schematisch. Es wurde gelegentlich mit einem Kochbuch verglichen, von dem ja gilt: Man wird nicht von einem Rezept satt, sondern vom gekochten Essen. So wird man auch geistlich nicht satt vom Lesen des Exerzitienbuches, sondern indem man sich auf die Exerzitien existentiell einläßt.

Für wie nahrhaft Ignatius selber die »Exerzitienspeise« einschätzt, das zeigt sich in einem Brief, den er an seinen ehemaligen Beichtvater schreibt und in dem er ihn dringend zu Exerzitien einlädt, »da es doch das Allerbeste ist, was ich in diesem Leben denken, verspüren und verstehen kann, sowohl dafür, daß sich der Mensch selber nützen kann, wie dafür, Frucht zu bringen und vielen anderen helfen und nützen zu können«.

Exerzitien *machen*, um sich und die Welt zu retten? – Ein junger Mensch kommt zu einem Rabbi mit der Frage: »Was kann ich tun, um die Welt zu retten?« Der Weise antwortet: »So viel, wie du dazu beitragen kannst, daß morgens die Sonne aufgeht.« – »Aber was nützen dann all meine Gebete und meine guten Taten, mein ganzes Enga-

gement?« fragt der junge Mensch. Darauf der Weise: »Sie helfen dir, wach zu sein, wenn die Sonne aufgeht.«
Vielleicht sollte man sagen: Exerzitien mit sich geschehen lassen, wie Maria Gottes Wort in sich geschehen ließ.

Üben

Schon auf der ersten Seite der Autobiographie von Ignatius taucht das Wort »üben« auf. Er spricht davon, daß er »sein Gefallen in Waffenübungen« (PB 1) fand. Sicher sind Waffen das unsympathischste Gerät zum Üben, weil sie an Krieg erinnern. Aber eins zeigt der Waffensport wie jeder Sport: Man bringt es nur zu etwas, wenn man übt – »Übung macht den Meister«. Das gilt für den Sport, das gilt fürs Musizieren, das gilt für das Erlernen von Sprachen, das gilt für jeden erzieherischen Vorgang vom Essen mit Messer und Gabel an bis zur Kommunikation in einer Partnerschaft: Zum Leben gehört das Üben, auch wenn es mühsam ist.

Ignatius ist in die Geschichte der Kirche nicht wegen seiner Waffenübungen eingegangen, sondern wegen seiner »geistlichen Übungen«, den Exerzitien. Sie können Aufschlußreiches zu Sinn und Unsinn des Übens sagen.

Zunächst einmal wird klar, daß Üben eine Dienstfunktion hat. Ignatius geht es nicht um ein Üben um des bloßen Übens willen. Die geistlichen Übungen sollen helfen, das eigene Leben zu ordnen und dafür offen zu werden, daß der Wille Gottes im eigenen Leben immer wirksamer werden kann (vgl. EB 1). So bekommt das Üben eine Richtung, ohne die es bloß sinnlose Repetition, ein Treten im Leerlauf wäre.

Ein Zweites wird durch das Üben deutlich: Der Mensch ist nicht fertig. Er wächst, ist auf dem Weg, fällt hin und muß wieder aufstehen; er lernt durch »Versuch und Irrtum«. Darin liegt etwas Schmerzhaftes, aber auch Befreiendes:

Wir müssen nicht perfekt und nicht am Anfang schon gleich am Ende sein. Wir sind und bleiben unser Leben lang Heranwachsende. Erwachsensein ist kein Endzustand: »Wenn ihr nicht werdet wie die Kinder, könnt ihr nicht in das Himmelreich eingehen« (Mt 18,3). Dieses Jesuswort kann auch als Aufforderung verstanden werden, bereit zu sein, immer wieder neu anzufangen, Lehrling zu sein, spielend immer wieder neue Lebensvorgänge und Möglichkeiten einzuüben. – Ich erinnere mich an einen Spaziergang mit meinen Eltern. Wir hörten in einiger Entfernung ein Geräusch und sahen hin: Ein dreijähriger Bub war mit seinem Kinderfahrrad umgekippt und lag auf dem Boden. Wir gingen gleich in Startposition, um beim ersten Weinen hinzueilen. Das war nicht nötig. Der Kleine stellte sein Dreirad auf, strampelte wieder los und rief uns über die Schulter aus 50 Meter Entfernung zu: »Ich muß noch viel üben!« Imponierend! Keine Beschuldigung des »blöden Dreirads« oder eines Steines auf der Straße, sondern die schlichte Einsicht: Das ist so, das kann vorkommen, und ich muß viel üben, wenn ich weiterkommen will.

Was hier kindlich einfach ausgedrückt wird, kann philosophischer mit dem Aphorismus ausgedrückt werden: »Üben ist ein Akt der Hoffnung!« Wer übt, hofft. Wer übt, weiß, daß der Mensch ein Zeitwesen ist, Zeit hat und Zeit brauchen darf. Im Üben zeigen sich die Grenzen und Möglichkeiten des Menschen. So wie der Mensch als homo viator, als Mensch auf dem Weg, bezeichnet wird, so kann er auch als homo exercens, als übender Mensch, charakterisiert werden. Das »Mängelwesen« Mensch ist auch ein »Übewesen«.

Das Üben bezieht sich nicht nur auf technische und nebensächliche Vollzüge, sondern auch auf Wesentliches – bei Ignatius auf die Einübung in ein Leben, das Antwort sein kann auf Gottes Anruf. In einem Buchtitel von Erich Fromm, »Die Kunst des Liebens«, wird es deutlich, daß das Üben sich auf wesentliche Vorgänge erstrecken kann und muß. Die Grundthese dieses Buches ist: Ehen, Partnerschaften scheitern so oft, weil der Zustand der Verliebtheit mit dem Lieben verwechselt wird. Und es gilt als erstes, »sich klarzumachen, daß Lieben eine Kunst ist, genauso wie Leben eine Kunst ist; wenn wir lernen wollen zu lieben, müssen wir genauso vorgehen, wie wir das tun würden, wenn wir irgendeine andere Kunst, zum Beispiel Musik, Malerei, das Tischlerhandwerk oder die Kunst der Medizin oder der Technik lernen wollten.« Damit etwas zur Kunst wird, bedarf es der ständigen Aufmerksamkeit, der Geduld, der Disziplin und der Befreiung von der bloßen Selbstverliebtheit - des Übens. Bücher über Liebe können Inspirationen, Einsichten, Kenntnisse geben, aber es gilt: »Vom Kennen zum Können führt nur eines: das Üben« (O. F. Bollnow).

Damit freilich das Üben nicht zur bloßen Technik, zur »Liebestechnik«, zur Kommunikationstechnik entartet und so letztlich unmenschlich wird, müssen »Kunst« und »Gunst«, »Inspiration« und »Transpiration« zusammengehen. Theologisch ausgedrückt: Gottes Gnade und das Mitwirken des Menschen geschehen in einem einzigen Vollzug.

Die Sprachgeschichte des Wortes »üben« gibt hier einen interessanten Aufschluß. »Üben« kommt von »uoben«, und das bedeutete früher »pflegen, bebauen, verehren«. Tatsächlich wird im Tun eines Bauern das Zusammen von eigenem Tun und Geschenk der Natur direkt greifbar: Der Bauer muß ackern und aussäen und eggen. Aber dann bleibt ihm nichts anderes, als auf die Wachstumskraft des Samens und auf Wind, Sonne und Regen zu vertrauen. In diesem Sinne spricht auch Jesus immer vom Reich Gottes. Der Mensch sät aus, und dann wächst die Saat, ob der Mensch schläft oder wacht (vgl. Mk 4,26–29). Diese Sicht kommt zum Ausdruck in dem ignatianischen Wort: »Wir müssen so auf Gott vertrauen, als ob alles von uns, nichts von Gott abhinge. Wir müssen unsere Kräfte aber so einsetzen, als ob alles von Gott, nichts von uns abhinge.«

Üben im ignatianischen Sinn ist das geheimnisvolle In-eins von göttlichem Wirken und menschlichem Mitwir-ken.

Ignatius hat die tiefe Überzeugung, daß das Üben im All-tag geschieht. Sprachlich wird dieses beständige Üben – »Der Alltag als Übung« (Karlfried Graf Dürckheim) – deutlich in der Redewendung »einen Beruf ausüben«. Mit Üben ist, jedenfalls von der Sprachgeschichte her, nicht nur ein einziger, wiederholter Vorgang zu »Übungszwek-ken« gemeint, sondern überhaupt etwas ausführen, tun, ins Werk setzen. Wer arbeitet, übt seine Muskeln – nicht nur wer Gymnastik macht.

In der Zeit der Gewissenserforschung, die Ignatius für je-den Tag empfiehlt, vergewissert er sich dieses Übens. Dort fragt er sich: Was ist mir wichtig? Was möchte ich ein-üben? Woran bin ich gerade? – Hier überprüft Ignatius sein Hören, neue Sprach- und Kommunikationsmöglich-keiten und durchspürt seine Gefühlswelt, um sie von Got-tes Geist ordnen zu lassen. Hier läßt er sich zu Bewußtsein kommen, daß die »Liebe Gottes durch den Heiligen Geist in unsere Herzen ausgegossen« (Röm 5,5) ist. Ihn kann er dann »in allen Dingen«, in jedem Tun und Üben suchen und finden.

Gebet

Das Leben von Ignatius ist getragen vom *immerwährenden Gebet.* Immerwährendes Gebet bedeutet für ihn, in allem und mit allem von Gott angezogen zu sein und sich auf Ihn auszurichten: »Gott in allem suchen und finden«. Im »Bericht des Pilgers« bekennt er, »die Leichtigkeit, mit Gott in Verbindung zu treten, ... sei jetzt größer als je sonst in seinem ganzen Leben. Immer und zu jeder Stunde, wann er Gott finden wolle, könne er Ihn finden« (PB 99). Nicht lange Gebetszeiten sind spezifisch ignatianisch, sondern die ständige innere Kontaktsuche mit Gott. Wenn das Gebet die höchste und einzige Verbindungsweise zu Gott hin wäre, so schreibt er einmal, dann wäre »freilich jedes Gebet zu kurz, das nicht vierundzwanzig Stunden am Tag dauerte«. Ein Mitbruder bezeugt:

»Ignatius wünschte, daß derselbe Geist, der ihm selbst in hohem Grade zu eigen war, sich auch in den Söhnen der Gesellschaft finde: daß sie nämlich bei jeglichem Werke und jeglicher Übung der Liebe nicht weniger Andacht hätten als im Gebet und in der Betrachtung, da es sich zieme, daß wir nichts tun als aus Liebe und Diensteifer für Gott und zu dessen Ehre und Verherrlichung.«

Die *Haltung der Ehrfurcht,* in der er lebte, war in besonderer Weise Ausdruck seines »Wandels in der Gegenwart Gottes«. Auf den Boden hingeworfen hörte man den alternden Ignatius oft beten: »Gib mir, o Herr, Demut und Ehrfurcht voll Liebe zu dir.« Durch solche und andere *Stoßgebete,* manchmal Stoßseufzer, fand seine ständige Gottesverbundenheit immer wieder ihren Ausdruck.

Wertvolle Hinweise für das Gebetsleben finden sich vor allem im Exerzitienbuch. Grundlegend für das Gebet ist eine *Atmosphäre der Sammlung und Stille.* Das Schweigen hilft, die »ganze Aufmerksamkeit auf eine einzige Sache« zu verlegen und die »natürlichen Fähigkeiten mit mehr Freiheit« zu gebrauchen, »um das mit Eifer zu suchen«, was der betende Mensch »so sehr ersehnt« (EB 20).

Zur Gebetsvorbereitung gehört für Ignatius, daß er sich vor dem Einschlafen innerlich darauf einstellt, auf welches Schriftwort o.ä. er sich in der Gebetszeit des nächsten Tages einlassen will. So fördert er jenes Geschehen, das ein Schriftwort meint: »Ich schlafe, aber mein Herz wacht« (Hld 5,2).

Zur Sammlung vor dem Gebet kann es helfen, so rät Ignatius, ein wenig auf und ab zu gehen, den Blick in die Weite oder nach oben zu richten. Man mag meinen, dies sei wenig oder unnötig. Wie wichtig solche kleinen Hilfen sind, mögen zwei Erfahrungen verdeutlichen: »Seit ich vor dem Beten das Fenster öffne und ein paar Minuten ins Freie schaue, ist mein Beten anders geworden.« – »Seit ich angefangen habe, auf meinen Atem zu achten, habe ich den Eindruck, der Heilige Geist selber betet in mir.«

Ignatius lädt ein, zu Beginn ein immer gleichbleibendes *Vorbereitungsgebet* zu sprechen. Sein Vorschlag – wohl sein eigenes Gebet – lautet: »Von Gott unserem Herrn die Gnade erbitten dazu hin, daß alle meine Absichten, Handlungen und Beschäftigungen rein auf den Dienst seiner göttlichen Majestät geordnet seien« (EB 46). Im Grunde ist dieses Gebet eine Kurzformel für die Grundsehnsucht seines Lebens. Es kann helfen, sich selbst zu fragen: Wie würde mein Glaubensbekenntnis aussehen, wenn ich es in ein, zwei Sätzen als Ausdruck meiner tiefsten Sehnsucht formulieren würde? Solch ein Grundgebet kann helfen, sich für die Gegenwart Gottes zu öffnen.

An das gleichbleibende Vorbereitungsgebet schließt sich die *»besondere Bitte«* an: »von Gott unserem Herrn das erbitten, was ich begehre und ersehne. Die Bitte soll dem vorliegenden Gegenstand entsprechen« (EB 48). Durch diese Bitte tritt der betende Mensch mit seiner eigenen Tiefe, dem Wünschen seines Herzens in Kontakt. Dorthinein fragt Jesus: »Was willst du, daß ich dir tue?« Dort liegt der Glaube verborgen, dem Jesus heilende und heiligende Kraft zuschreibt, und dort ist schon gegeben, was der Bittende sucht: »Alles, worum ihr betet und bittet – glaubt nur, daß ihr es schon erhalten habt, dann wird es euch zuteil« (Mk 11,24).

Besinnung, Erwägung, Betrachtung sind bei Ignatius nicht immer genau voneinander abzugrenzen. Letztlich geht es darum, »mit allen Kräften«, mit Geist und Seele und Leib betend dazusein und in die Tiefe der Glaubenswahrheiten einzudringen – mehr noch: Gott zu begegnen.

Dies kann in *Lebensbetrachtungen* geschehen, in denen die Heils- und Unheilsgeschichte des eigenen Lebens, das Evangelium des Lebens zur Sprache kommt.

Diese Gottes- und Christusbegegnung kann ebenso in der *Schriftmeditation* geschenkt werden. In ihr legt Ignatius Wert darauf, sich die Szenen innerlich vorzustellen, ja sich gleichsam als Mitspieler lebendig in sie hineinzuvertiefen.

Am Ende des Gebetes pflegt Ignatius oft das sogenannte *Zwiegespräch*. In ihm solle man mit dem Herrn, mit Maria ein inneres Zwiegespräch beginnen: »Das Zwiegespräch vollzieht sich durch eigentliches Sprechen, so wie ein Freund zum andern spricht oder ein Diener zu seinem Herrn...« (EB 54).

Zum Abschluß läßt Ignatius immer auch auf die ganze Gebetszeit *zurückschauen*, so wie man auf einen Weg zurückschaut, den man gegangen ist und geführt wurde. Auch hier kann sich noch einmal Neues zeigen oder sich ein Schritt für den weiteren Gebetsweg nahelegen.

Für die Vertiefung ist besonders wichtig, daß oft *Wiederholungsbetrachtungen* gemacht werden, d.h. daß man zweimal, dreimal dieselbe Schriftstelle meditiert. Dies kann helfen, daß der »stete Tropfen den Stein« des Herzens aushöhlen hilft.

Als abendliche Betrachtungsweise empfiehlt Ignatius die *Anwendung der Sinne*. In ihr geht es darum, in einfacher Weise einen sinnenhaften, »sinnlichen« Kontakt zu den Wirklichkeiten des Glaubens zu gewinnen. Im Tasten, Riechen, Schmecken, Schauen, Fühlen – so drückt es Ignatius aus – könne Gott sich gegenwärtig machen, der durch sein Wesen, seine Macht und Gegenwart in allem ist.

Bei Ignatius findet sich auch das *Atemgebet*. Es besteht darin, »langsam« zu beten und mit dem Rhythmus des Atems Gebetsworte zu verbinden.

Menschlich, ganzheitlich ist das *Gebet des Leibes*, d.h. die Haltung, die Gebärde. Ignatius sagt, man solle die leiblichen Haltungen einnehmen, die einem am meisten dabei helfen und entsprechen: Sitzen oder Liegen oder Stehen oder Knien usw. Dies ist auch ein Zeugnis dafür, wie sehr Ignatius den einzelnen in der Weise seines Betens freiläßt.

Das Beten wird bei Ignatius *in Dienst genommen*. Es soll helfen, mit Gott und Seinem Willen in Berührung zu kommen. Das eigene Leben soll durch das Gebet so gewandelt werden, daß es zu einer einzigen Antwort auf die Begegnung mit Gott wird. Dabei geschieht eine schmerzhafte Reinigung. Es ist bezeichnend, daß Ignatius die »Abtötung«, d.h. das Freiwerden vom Egoismus-Ich, für fundamental hält. Ein ichfreier Mensch – nicht ein ichloser – könne in einer Viertelstunde »mehr« beten als ein ichfixierter in zwei Stunden. Wer sich frei Gottes Willen öffnet, der empfängt im Gebet seine Sendung.

In der täglichen *Gewissenserforschung*, dem »Gebet der liebenden Aufmerksamkeit«, geschieht immer neu die Ausrichtung auf die Bewegungen des Heiligen Geistes. Hier überläßt sich der betende Mensch den tragenden und lockenden Kräften des Glaubens, Hoffens und Liebens.

Alles Beten ist für Ignatius nur *Vorbereitung*, »Disponierung«. Es kann nichts erzwungen oder magisch erwirkt werden. Beten ist eine aus der Herzenssehnsucht geborene freie Geste der Einladung. Es liegt an Gott, der immer schon das menschliche Bitten in unvorstellbarem Übermaß erfüllt hat, wie und wann er der konkreten Gebärde eines Gebets antwortet.

Am Menschen, der einen anderen in Exerzitien, beim Gebet begleitet, liegt es, in großer Ehrfurcht, Bescheidenheit und Zurückhaltung hilfsbereit gegenwärtig zu sein. Es gebe nichts Gefährlicheres, sagt Ignatius einmal, als andere nach dem eigenen Stil zu begleiten. Der Geist Gottes betet selbst im Menschen und zeigt ihm den echten, authentischen, persönlichen Gebetsweg. Da ist auch manches einfacher, als eine »Lehre des Gebets« es vermuten läßt.

Diese Einfachheit und auch die Überraschungen Gottes zeigen sich im *mystischen Gebet* von Ignatius, wie es sich andeutungsweise in seinem geistlichen Tagebuch findet. Ignatius ist hineingenommen in die Bewegung, das Leben der dreieinigen göttlichen Liebe. Wer versteht seine gestammelten Worte? Wer die Botschaft seiner Tränen? Wer versteht den Geist Gottes, der mehr schenkt, »als wir zu erbitten und auszudenken vermögen« (Eph 3,20), und der »mit Seufzen, das wir nicht in Worte fassen können«, für uns eintritt (Röm 8,26)?

Sich disponieren

Nicht nur heute, auch früher hatten es Päpste mit den Theologen nicht immer ganz leicht. Einer von ihnen, Paul V., mußte schließlich den streitenden dominikanischen und jesuitischen Theologen Rede- und Schreibverbot geben – so sehr waren sich die disputierenden Denker über die Frage, wie menschliche Freiheit und göttliches allmächtiges Wirken zusammengehen könnten, in die Haare geraten.

Vielleicht können wir die Fragestellung von der Erfahrung her verstehen, daß die Freiheit eines anderen unsere eigene Freiheit zu begrenzen droht. Eigener Wille und die Freiheit anderer Menschen können in Konkurrenz zueinander geraten. Eigentlich heißt »Konkurrenz« (vom lateinischen »concurrere« stammend) »miteinander laufen«; oft genug aber geht es im Sinne der Ellbogenfreiheit nur um einen Kampf mit Sieger und Besiegten: meine Freiheit oder deine Freiheit. Eine der literarischen Gestalten des Existenzphilosophen Jean-Paul Sartre überträgt dieses Modell auf Gott: Entweder ist der freie und allmächtige Gott, oder ich bin. Nun aber bin ich und bin frei, also ist Gott nicht!

Es gibt auch die Gegenerfahrung: Die menschliche Freiheit wird in der Begegnung mit einem anderen, wirklich freien Menschen gesteigert. Dies hat Karl Rahner, sozusagen ein später Nachfahre der »Jesuitenpartei« im sogenannten Gnadenstreit, zu der Versöhnungsformel gebracht: Je mehr Gott wirkt, um so freier ist der Mensch; je kreativer der Mensch sein Freisein lebt, desto mehr gibt er darin dem Schöpfer aller Freiheit die Ehre und läßt Ihn darin zur Wirkung kommen.

Und was hätte Ignatius dazu zu sagen? Vor allem hätte er ein einzelnes Wort aus den Exerzitien anzubieten, das Wort »sich disponieren« (disponer), d.h. sich vorbereiten, bereit machen. Dieses Wort ist zugleich der Ansatz einer Gnadentheologie und eine spirituelle Grundeinstellung für das Gebet und alle geistlichen Übungen: Sie sind Vorbereitungen, nicht mehr und nicht weniger. In der Spannung zwischen eigener Vorbereitung und geschenkter Erfüllung liegt das Geheimnis des freien Zusammenwirkens verborgen.

Einige Beispiele mögen dies verdeutlichen:

Ich kann eine Einladung aussprechen, die Wohnung saubermachen, Essen herrichten und die Hoflampe anzünden – das Kommen ist Sache des Eingeladenen.

Ich kann mich auf ein Gespräch vorbereiten, mich darauf einstimmen und auch noch die Stühle zurechtrücken – das Gelingen des Gesprächs kann aber damit nicht einfach bewirkt oder vorprogrammiert werden.

Zachäus kann, sozusagen als »geistliche Übung«, auf den Baum steigen – daß Jesus in sein Haus kommt und »kommen muß«, ist wieder ganz freies Geschehen.

Sich vorbereiten, sich disponieren heißt: Signale setzen, mit Hilfe von Gesten der Sehnsucht und dem eigenen Wollen und Wünschen Ausdruck verleihen.

Wer sich selbst auf eine Begegnung *vorbereitet*, bringt zum Ausdruck, daß er auf Manipulation, auf Dirigieren, Zwang und Verführung verzichtet. Er lädt nur ein und gibt die Richtung der eigenen Sehnsucht an.

In diesem Sinne sind »geistliche Übungen jede Art, die Seele *vorzubereiten* und dazu *bereit zu machen* (disponer), alle ungeordneten Neigungen von sich zu entfernen, und, nachdem sie abgelegt sind, den göttlichen Willen zu suchen und zu finden in der Ordnung (disposición) des eigenen Lebens zum Heil der Seele« (EB 1).

Daß auch alles Vorbereiten in der Kraft des Geistes Gottes

geschieht, gehört zu dem Geheimnis, daß alle Gabe des Menschen aus Gottes Vor-Gabe kommt: Gott selber macht den Menschen bereit für den Weg, auf dem er Ihm dienen kann (vgl. EB 15).

Fundament und Ziel

Gott

Ich erinnere mich, wie ich während des Theologiestudiums einmal sehr drängend in mir den Wunsch nach einem einfachen Glauben verspürte. Dieser Glaube möge so einfach sein, so wünschte ich mir, daß ich ihn noch im Kranksein mit dem Atmen beten könnte. Mir war sehr klar gegenwärtig, daß ich eine Dogmatikprüfung nur mit tausend Worten, mein eigenes Sterben aber nur mit einem Atemzug »bestehen« würde. Es hat mich eigenartig berührt, als sich später dieser Wunsch mit der Geschichte vom Sterben des heiligen Ignatius verband. Bruder Tommaso, der Krankenpfleger in der letzten Nacht, berichtet: Ignatius bewegte sich unruhig; hin und wieder sprach er einige Worte. Gegen Mitternacht wurde er ruhiger und wiederholte nur immer wieder: »Ay, Dios!« – »Ach, Gott!«
Dies war und ist das letzte Wort, das die Mitbrüder von Ignatius hörten. Hätte er ihnen mehr sagen und als letztes, testamentarisches Wort hinterlassen können?!
Wieviel Schmerz und wieviel Freude, wieviel Erschrecken und Erstaunen, wieviel Hingegebensein und Jubel kann in einem »Ach« verborgen und ausgedrückt sein! – »Ay, Dios!« – Gott war das große »Ach«, der große Atem im Leben des Ignatius.
Im Alten Testament ist oft die Rede vom »Gott unserer Väter«. Wer war der Gott »unseres Vaters Ignatius«, wie die sagen, die sich ihm besonders verbunden wissen?

– *Der Gott des Ignatius ist ein Gott, der als »Schöpfer und Herr sich selber Seiner Ihm hingegebenen Seele mitteilt und sie zu Seiner Liebe und Seinem Lobpreis entflammt«, wie es im Exerzitienbuch (Nr. 15) heißt.*
– *Der Gott des Ignatius ist der Gott des Erbarmens, zu dem er*

einmal betend-dankend aufseufzt: »O Gott, wie bist Du unend-
lich gut, Du verträgst ja sogar jemanden, der so schlecht und
verdorben ist wie ich!«
– Der Gott des Ignatius ist in einer schrecklichen Phase der Ver-
suchung zum Selbstmord die letzte Zuflucht für den Verzwei-
felnden.
– Der Gott des Ignatius ist der Gott, der sich in Jesus offenbart
und in die Nachfolge ruft.
– Der Gott des Ignatius ist der Gott, der seinen Jünger »wie ein
Schullehrer in den Unterricht genommen hat« (PB 27), damit er
»Liebe, Demut und Geduld« (PB 14) erlerne.
– Der Gott des Ignatius ist der »immer-größere-Gott« – »Deus
semper maior« –, zu dessen Ehre alles geschieht.
– Der Gott des Ignatius ist der dreieinige Gott, der den sonst so
nüchternen Ignatius durch den Anblick von drei Blumen oder
drei Tauben zur Ekstase hinreißen kann.
– Der Gott des Ignatius ist der Gott, der sich in der Arbeit und
im Gebet, in der Messe und in der Politik, »in allem suchen und
finden« läßt.

Der Gedanke, diese unendlich kostbare Perle im Acker seines Lebens im Tode ganz schauen und berühren zu dürfen, ließ Ignatius immer wieder weinen. So sehr, daß der
Arzt ihn aus Sorge um sein Augenlicht anwies, von diesem Gedanken abzulassen.
Damals, in der Nacht auf den 31. Juli 1556 hin, war der
Tod kein Gedanke mehr, den Ignatius festzuhalten oder
loszulassen brauchte. Damals war der Bruder Tod ganz
Gegenwart und ließ den demütig-staunenden Gottesmann
Ignatius von Loyola in den Gott seines Lebens hineinster-
ben: »Ay, Dios!«

Dankbarkeit (I)

»Undank ist der Welten Lohn«, sagt eine alte Volksweisheit. Sie drückt eine nicht seltene Erfahrung aus: Eine freundliche Geste wird nicht beachtet; auf ein Geschenk hin bleibt ein »Danke« aus; jahrelanger Dienst findet kein Wort der Anerkennung.

Für Ignatius ist die Undankbarkeit nicht nur der »Lohn der Welt«, sondern weit mehr: die Wurzel aller Übel. Am 18. März 1542 schreibt er in einem Brief an seinen Mitbruder Simon Rodrigues:

»Wenn man es im Angesicht Seiner göttlichen Güte erwägt, dann gehört unter allen vorstellbaren Übeln und Sünden die Undankbarkeit zu den verabscheuungswürdigsten Dingen vor unserem Schöpfer und Herrn und vor den Geschöpfen, die Er zu Seiner göttlichen und ewigen Ehre gemacht hat; denn sie ist Verkennung der empfangenen Güter, Gnaden und Geschenke; Ursache, Anfang und Ursprung aller Übel und Sünden.«

Wie kommt Ignatius dazu, die Undankbarkeit als die Quelle alles Bösen anzusehen? Dieser Aussage liegt die Glaubenserfahrung, das mystische Erleben zugrunde, daß Leben zuinnerst Liebe ist. Und Liebe ist gegenseitiges Geben und Empfangen. In diesem Sinne schreibt Ignatius in der »Betrachtung zur Erlangung der Liebe«:

»Die Liebe besteht in der Mitteilung von beiden Seiten her; das heißt, daß der Liebende dem Geliebten gibt und mitteilt... von dem, was er hat oder kann, und als Erwiderung ebenso der Geliebte dem Liebenden« (EB 231).

Das Leben Gottes selbst wird in der trinitarischen Liebe als ein ewiges Sich-Verschenken und Sich-Empfangen von Vater, Sohn und Heiligem Geist gesehen.

Auf diesem Hintergrund ist Undankbarkeit letztlich die Weigerung, sich zu empfangen und zu schenken. Undankbarkeit ist die Blockade gegenüber dem Verströmen des Liebens und Schenkens.

Im menschlichen Leben gibt es vor allem drei »Dankbarkeitstöter«:

Der erste ist der Stolz, der glaubt, alles selbst machen zu müssen und nur ein »Ich« zu sein, wenn er alles selbst schafft und alles sich selbst verdankt.

Der zweite ist die Selbstverständlichkeit, mit der alles genommen wird; es wird gar nicht mehr wahrgenommen, daß Gesundheit, eine gelungene Unternehmung, ein Dienst, ein herrliches Wetter usw. Geschenke sind.

Der dritte »Dankbarkeitstöter« ist ein falsches Anspruchsdenken, das meint, auf alles ein Recht zu haben, und das unwillig einfordert, was nur frei geschenkt werden kann.

Ein undankbarer Mensch ist ein armer und einsamer Mensch. In dem Roman »Ich hab' Dir keinen Rosengarten versprochen« von Hannah Green beschreibt eine psychisch schwerstkranke Frau die Irrsinnswelt, in der sie lebt. In ihr existiert das Wort »Danke« nicht. Gäbe es dieses, so würde die als Isolationshölle geschilderte seelische Kerkerwelt schlagartig durchbrochen werden wie durch ein geheimnisvolles Sesam-öffne-Dich: Das Danken ist eine Brücke von Mensch zu Mensch; es schenkt Zusammengehörigkeit.

Und so kann man sagen, daß nur das wirklich und ganz zu uns, zu unserer Welt, zu unserem Eigentum gehört, wofür wir danken können. Wer nicht danken kann, dem bleibt alles innerlich fremd, weil er es nicht bejahend annimmt.

Dies gilt auch für die »Annahme seiner selbst«, die nach Romano Guardini die Voraussetzung dafür ist, daß überhaupt etwas in unserem Leben geschehen kann. Was das Selbstverständlichste zu sein scheint, das Ja zu sich selbst, ist nicht selten im menschlichen Leben gefährdet, ja zerbrochen. Und doch geschieht es immer wieder: Menschen, die abgelehnt wurden und sich selbst ablehnten bis hin zu Selbstmordgedanken, können anfangen, für ihr Leben zu danken, wenn sie durch die Liebe Gottes und der Menschen berührt wurden. Wer dies erleben und miterleben darf, versteht, daß Ignatius die Dankbarkeit als Quelle alles Guten ansieht.

Dankbarkeit (II)

Gelegentlich, so erinnere ich mich, forderte uns die Mutter beim Essen auf: »Sagt doch auch, wie's schmeckt!« Wir versuchten dann, ihr klarzumachen: »Wenn wir nichts sagen, heißt das immer, daß das Essen gut ist. Wenn es uns nicht schmeckt, sagen wir das schon ausdrücklich!« – Nun, die Mutter verstand, wie die halb entschuldigende Bemerkung gemeint war, aber mir wurde später klar, daß es nicht sinnvoll ist, alles mit »stillschweigendem Dank« zu übergehen.

Daß das Danken nicht einfachhin selbstverständlich ist, das zeigen die guten und manchmal auch pädagogisch überzogenen Aufforderungen an die Kinder: »Sag' jetzt der Tante schön danke für die schöne Puppe!« – und das, wenn's vielleicht schon die dritte gleiche Puppe ist, die das »arme Kind« geschenkt bekommt. Das Lernen der Dankbarkeit ist mit Schwierigkeiten verbunden.

Ignatius rät jedem, sich täglich eine kleine Zeit für das Einüben der Dankbarkeit zu nehmen: »Gott unserem Herrn Dank zu sagen für die erhaltenen Wohltaten« (EB 43). Die Voraussetzung dafür ist, immer mehr zu lernen, mit liebender Aufmerksamkeit auf das Geschehen eines Tages zu schauen. Dann findet sich immer Grund zur Freude und zur Dankbarkeit.

Der Benediktinermönch David Steindl-Rast schreibt in seinem Buch »Die Achtsamkeit des Herzens« von sich:

»Tag und Nacht wird uns mit jedem Augenblick Unzähliges geschenkt. Wir brauchen nur darauf zu achten, und Dankbarkeit wird uns beinahe überwältigen. Aber achten wir darauf? Das ist

die Frage. Und an diesem Punkt setzt Askese als planmäßige
Übung ein. Seit Jahren schreibe ich zum Beispiel täglich in mei-
nen Taschenkalender zumindest eine Sache, für die dankbar zu
sein mir vorher noch nie in den Sinn kam. Meint vielleicht je-
mand, es sei schwer, jeden Tag einen neuen Grund zur Dankbar-
keit zu finden? Es ist nicht schwer. Oft kommen mir vier oder
fünf Gründe in den Sinn. Ich kann mir gar nicht vorstellen, wie
alt ich werden müßte, um den Vorrat merklich zu vermindern.«

Wer liebevoll und achtsam die Welt wahrnimmt, der findet vielerlei Grund zum Danken: einen Kalenderspruch,
der zufällig in den Blick fällt; einen Tautropfen, in dem
sich die Sonne spiegelt; eine warme Kaffeetasse in den kal-
ten Händen; ein Gespräch, das durch den Ausfall des
Fernsehgerätes zustande kam; einen gelungenen Ge-
schäftsabschluß; ein paar Minuten der Stille auf einer Park-
bank oder in einer Kirche auf dem Nachhauseweg; Großes
und Kleines, Alltägliches und überraschend Neues.
Dankbarkeit schenkt zutiefst Beziehung. Unübersehbar
deutlich wird dies bei der Heilung der zehn Aussätzigen
(Lk 17,12–19): Nur einer der Geheilten geht zu Jesus zurück, um zu danken und Gott die Ehre zu geben. Diesem
– »es war ein Samariter«, ein Fremder, wird ausdrücklich
vermerkt – wird außer der Heilung die persönliche Beziehung zu Jesus geschenkt.
Daß es im tiefsten um diese Beziehung geht, wird bei Ignatius in der »Betrachtung zur Erlangung der Liebe« deutlich
(vgl. EB 230–237). Er lädt ein, die Wohltaten Gottes, die
Gaben der Schöpfung und die eigene Lebensgeschichte
dankbar im eigenen Innern anzunehmen – und daran zu
denken, daß diese Gaben »nur« Ausdruck dafür sind, daß
Gott, der »Herr, danach verlangt, Sich selbst mir zu schenken, soweit Er es nur vermag« (EB 234).
So gesehen ist der dankbare Mensch der beziehungsfähige
Mensch, der Du-offene Mensch, der Mensch, dem alles
zum Mittel, zum Symbol, zum Ausdruck, zum Sakrament
der Begegnung werden kann. – Ja, die Dankbarkeit selber

ist ihm zum Geschenk geworden, für das er dankt, wie es in einer Präfation heißt: »Du bedarfst nicht unseres Lobes, es ist ein Geschenk Deiner Gnade, daß wir Dir danken.«
Ignatius lebte aus dem Danken. Einer seiner Gefährten schreibt über ihn: »Unter den vielen Tugenden, die Unser Vater besaß, trat besonders auch eine hervor: die Dankbarkeit, in welcher er wirklich bewunderungswürdig war.«

Ehrfurcht

Wenn man die wohl häufigste Anrede in Briefen ernst nimmt – »Sehr geehrte(r)...« –, dann müßten die Menschen unseres Jahrhunderts Menschen der Ehrfurcht sein. Oder ist diese Anrede nur eine auf alle Adressaten angewandte Höflichkeitsfloskel?
Für Ignatius jedenfalls ist die Ehrfurcht eine Grundhaltung Gott und den Menschen gegenüber. Sie gehört zu seinem Innersten, und sie gehört für ihn zum »Prinzip und Fundament« menschlichen Lebens und aller Gottesbeziehung: »Der Mensch ist geschaffen, Gott unseren Herrn zu loben, Ihm Ehrfurcht zu erweisen und zu dienen« (EB 23).
Über sechzigmal kommt die Haltung der Ehrfurcht im »Geistlichen Tagebuch« von Ignatius vor, und in vielen Briefen findet sich die Wendung: »um der Liebe und Ehrfurcht willen« oder »zum größeren Dienst und zu größerer Ehrfurcht«. Von hierher gesehen ist es zutreffend, wenn der Ignatiusforscher Hugo Rahner SJ die »Ehrfurchts-Mystik« bei Ignatius von der Brautmystik anderer Mystiker abgrenzt. Ignatius habe selbst einmal gesagt, er hätte »Gott gebeten, ihm Ehrfurcht und Demut zu geben und nicht Visionen oder Tränen, wenn dadurch der Dienst der göttlichen Majestät gleich groß wäre«.
Ehrfucht ist für Ignatius die grundlegende Reaktion des Menschen auf die Erfahrung Gottes hin. Wie Mose in der Begegnung mit Gott plötzlich den alltäglichen Sandboden

der Wüste als heiligen Boden erfährt, die Sandalen aus-
zieht und sein Angesicht verhüllt, so ist Ignatius bis ins
Innerste von Gottes Gegenwart berührt und erschüttert.
Wenn er den betenden Menschen einlädt, zu liegen oder
zu knien, wie es ihm mehr entspricht, dann steht hier wohl
die Erfahrung im Hintergrund, daß der Leib sich natürlicherweise einen entsprechenden Ausdruck sucht. »Der
Mensch kann nicht leben, ohne zu knien«, läßt F. Dosto-
jewski eine seiner literarischen Gestalten sagen. Wie anders soll der Mensch dasein vor Gott, dem »mysterium
tremendum et fascinosum« (Rudolf Otto), dem faszinie-
renden, unfaßbaren, unendlichen Geheimnis aller Wirklichkeit?

Teilhard de Chardin, Jesuit, Naturphilosoph und Liebha-
ber des Kosmos, konnte sich nie mit Frömmigkeitsformen
anfreunden, die für ihn eine Verniedlichung des Erhabe-
nen darstellten: »Christus als Kollege, als Kumpel kann
man nicht anbeten – das stößt mich ab.«

Es legt sich die Frage nahe, wie es um die Beziehung zwischen den Menschen bestellt ist, die sich alle bloß kumpel-
haft auf die Schulter klopfen. – Sicherlich kann darin auch
einfache, ja demütige Mitmenschlichkeit ihren Ausdruck
finden.

Dietrich Bonhoeffer, einer der großen Theologen eines
»Christentums der Mitmenschlichkeit« in einer weltlichen,
säkularisierten Welt, tritt mit eindringlichen Worten für
eine Distanz zwischen den Menschen ein, die Ausdruck
von Achtung und Ehrfurcht ist:

*»Wenn wir nicht den Mut haben, wieder ein echtes Gefühl für
menschliche Distanzen aufzurichten und darum persönlich zu
kämpfen, dann kommen wir in einer Anarchie menschlicher
Werte um. Die Frechheit, die ihr Wesen in der Mißachtung aller
menschlichen Distanzen hat, ist ... das Charakteristikum des Pö-
bels ... In anderen Zeiten mag es die Sache des Christentums gewesen sein, von der Gleichheit des Menschen Zeugnis zu geben;
heute wird gerade das Christentum für die Achtung menschli-*

cher Distanzen und menschlicher Qualität leidenschaftlich ein-
zutreten haben.«

Man wird wohl sagen dürfen und müssen: Je mehr freilas-
sende Distanz Menschen sich schenken, desto mehr wirkliche Nähe ist möglich – und umgekehrt.

So sehr unsere Zeit dazu tendiert, Menschen und Men-
schenleben zu mißachten, so sehr ist doch auch der Kampf
um Menschenwürde und Achtung von Menschenrechten
lebendig. Die großen Umbrüche in Europa waren und
sind auch gewissermaßen ein Vulkanausbruch des Urge-
steins des Menschen: der Sehnsucht nach Freiheit, Einheit
und Achtung der Menschenrechte. Auch die wachsende
Aufmerksamkeit auf die durch Vergiftung bedrohte Natur
kann wieder zurückführen zur tragenden Basis allen Lebens: der Achtung, der Ehrfurcht.

Albert Schweitzer, der evangelische Theologe und »Ur-
walddoktor« von Lambarene, nannte einmal die »Ehrfurcht vor dem Leben« den gemeinsamen Nenner aller un-
terschiedlichen Religionen, ja aller Menschen. Sie könnte
und müßte die Basis unseres individuellen und gesell-
schaftlichen Zusammenlebens werden.

Diese Sicht drückt eine große Hoffnung aus. Freilich ist sie
auch gefährdet. Wer »weiß, was im Menschen ist«, kann
sich selbst und anderen gegenüber in die Versuchung zur
Verachtung kommen. Die Verachtung ist das genaue Gegenteil der Achtung, der Ehrfurcht.

Wie kleinlich, wie schäbig, wie gemein, wie schwächlich,
wie feige, wie verlogen, wie eigensüchtig ist doch »der
Mensch«. Wie hohl klingt manchmal die Rede vom Edlen,
Guten, Schönen im Menschen.

Ignatius wußte aus eigener Selbsterkenntnis und aus vielen Begegnungen um die negativen Seiten des Menschen.
Vielleicht hat er auch die Versuchung zur Verachtung gekannt und war deshalb so dankbar für die Gabe der »liebenden Ehrfurcht«. Sie war für ihn Gabe, Gnade. Er sah,
»daß es nicht in meiner Macht liegt, weder Liebe noch Ehrfurcht«.

Diese geschenkte Ehrfurcht vor Gott gab ihm auch die Ehrfurcht vor den Menschen. Er notiert in seinem Tagebuch: »Danach erfreute ich mich auch tagsüber sehr, sooft ich mich daran erinnerte. Mir schien, daß es dabei nicht stehenbleiben würde, sondern daß das gleiche danach auch gegenüber den Geschöpfen sein werde« (GT 209). Und so war es auch. Oft erfüllte Ignatius solche ehrfürchtige Freude über seine Mitmenschen, deren Lebensgeheimnis er immer im Geheimnis Gottes ruhen sah, daß er kaum an sich halten konnte.

Ist es erstaunlich, daß er die Gnade der Ehrfurcht »für den geistlichen Fortschritt meiner Seele für wichtiger hielt als alle übrigen Gaben bisher« (GT 203) und niederschrieb:

»Ich hatte also den Weg gefunden, der sich mir hatte zeigen wollen. Mir schien, er ist der beste von allen, und ich muß ihn für immer einschlagen« (GT 205).

Ehre

Von Ehre hat er etwas verstanden, der spanische Höfling und Offizier Ignatius von Loyola. Zuerst war es nur seine eigene: Von »unbändigem Verlangen nach Ehre« sei er erfüllt gewesen, so schreibt er im ersten Satz seiner Autobiographie. Je mehr er Gott in seinem Leben groß sein ließ, desto freier wurde er vom Urteil der Menschen und desto mehr war er bereit – wie er im Exerzitienbuch schreibt –, in der Nachfolge Christi »Schmähungen und Verleumdungen« zu erleiden. Und so ist der Wahlspruch seines Lebens und das geistliche Motto seiner Ordensgemeinschaft zutreffend in dem Satz zusammengefaßt:

»Alles zur größeren Ehre Gottes. – Omnia ad maiorem Dei gloriam.«

In diesem Sinn kann man sagen, daß es wohl kein »ignatianischeres« Kirchenlied gibt als dieses:

»Alles meinem Gott zu Ehren in der Arbeit, in der Ruh!
Gottes Lob und Ehr zu mehren, ich verlang und alles tu«
(Gotteslob, Nr. 615).

Im Gegensatz zur Melodie, die zu lautem »Schmettern«
verlockt, lädt das Wort »Ehre« eher zu etwas vorsichtige-
ren Tönen ein. »Ehre« kann nach floskelhaften Anreden in
Geschäftsbriefen an die »sehr geehrten Damen und Herren« klingen; »Ehre« kann das Bild von Honoratioren mit
einer Reihe von Orden auf stolzgeschwellter Brust entstehen lassen. Schließlich kann im Begriff »Ehre« der »Ehrgeiz«, die »Ehrsucht« und eine abwertende Unterscheidung von hoch und niedrig mitschwingen.
Auch der »Sohn des Zimmermanns«, Jesus von Nazaret,
kritisiert diejenigen, die sich an den Straßenecken aufstel-
len, um gesehen zu werden, und bei Gastmählern sich zu
den Ehrenplätzen drängen. Was hat es also mit dem Wort
»Ehre« auf sich?
Ich selbst fand erst einen echten Zugang dazu, als mir klar
wurde, daß »ehren« heißt, etwas bzw. jemanden groß sein
zu lassen und dies in aller Öffentlichkeit anzuerkennen.
Ehren kann nur ein Mensch, der einen Sinn für Größe und
einen Sinn für Öffentlichkeit hat.
»That's great!« oder einfach: »great« ist ein Wort, das in
der amerikanischen Umgangssprache immer wieder auf-
taucht: »Groß – das ist groß!«
Es ist etwas Großes, wenn ein Mensch etwas Großes groß
sein lassen kann. Noch größer ist es, wenn jemand einen
Sinn für das Große im Kleinen hat: Ein Kind ist »groß«;
das Wunder einer Blume ist »groß«; die kleinste Zelle ist
»groß« – wie das Weltall! Und ist nicht ein kleines menschliches Herz groß, das Sinn für Größe hat und staunen
kann?!
Ehren bedeutet, einen Sinn für Kostbarkeit und Werte und
Größe zu haben und dies »öffentlich zu machen«, kundzu-
geben. Nur wo der Sinn für andere, für Gemeinschaft, für
den »Öffentlichkeitscharakter« des Menschen und des Le-

bens vorhanden ist, kann eine Ehrung geschehen. »Wahrhaftig, dieser Mensch ist Gottes Sohn!« – Dieses Wort des römischen Hauptmanns unter dem Kreuz vor der Öffentlichkeit, die zum Teil nur Spott und Ironie für Jesus und sein Sterben übrig hat, ist Ehrung.

In einer mehr vom Individualismus geprägten Zeit hat »Ehrung« keine Hochkonjunktur – und doch weiß jeder, was »Rufmord«, »Verleumdung«, »Ehrabschneidung«, »Nicht-Anerkennung«, »Geringschätzung« bedeuten. Umgekehrt gesagt: Wir alle leben von Anerkennung, Lob, Hochschätzung und der Wahrung der Menschenwürde.

Jemanden zu ehren läßt nicht nur den groß sein und wertvoll, dem die Ehrung gilt, sondern sagt auch viel von dem aus, der ehrt. Wer ehrt, hat und bekommt ein weites Herz: Er fühlt sich nicht vom Wert des anderen bedroht; er lebt nicht vom neidischen Vergleichen; er ist nicht groß durch Herabsetzung des anderen.

Auch die Ehre Gottes besteht nicht darin, daß der Mensch sich klein macht. »Gottes Ehre ist der lebendige Mensch«, sagt der Bischof Irenäus von Lyon († 202). Jesus lädt seine Jüngergemeinde ein, ihr Licht vor den Menschen leuchten zu lassen, »damit sie eure guten Taten sehen und den Vater im Himmel preisen« (Mt 5,16). Dies ist die Einladung, »aus dem Vollen«, aus der Fülle zu leben und so Gott groß sein zu lassen und zu ehren.

Ordnung

Der Begriff »Ordnung« gehört zu den emotional besetzten Worten, d.h. er löst etwas aus im menschlichen Empfinden. Manche politischen Parteien setzen sich für »law and order«, »Gesetz und Ordnung«, als ihre programmatische Linie ein; anderen kommt dabei »das kalte Grausen«, weil sie befürchten, daß da wieder jemand mit einem eisernen Besen »Ordnung schaffen« will. Für Eltern ist es oft ein

Kampf, ihren Kindern »Ordnung beizubringen«, und diese wehren sich, wenn sie groß genug sind, vielleicht mit Sprüchen wie: »Wer Ordnung hält, ist nur zu faul zum Suchen.«

Ob man es schätzt oder nicht: Bei Ignatius kommt das Wort »Ordnung« an zentralen Stellen vor. Schon in der ersten Anweisung zu den Exerzitien spricht er von der Befreiung von »ungeordneten Neigungen« und der »Ordnung des eigenen Lebens« (EB 1). Und der Zielsatz der Exerzitien lautet: »Geistliche Übungen, um über sich selbst zu siegen und sein Leben zu ordnen, ohne sich durch irgendeine ungeordnete Neigung bestimmen zu lassen« (EB 21).

Es gibt ein Weisheitswort, das die Zweideutigkeit von Ordnung und den Sinn gelungenen Ordnens aufzeigt: »Ordnung schafft nicht Leben, aber jedes Leben schafft sich Ordnung.«

Dieses Wort will sagen, daß die bloße Ordnung weder Leben ist noch Leben schafft. Dies zeigt sich auf verschiedenen Ebenen:

– »Der Buchstabe tötet, der Geist aber macht lebendig!« (2 Kor 3,6).

– Geordnet ist auch ein Skelett, ein Leichnam noch, und doch fehlt ihm das Entscheidende: Leben.

– In einer Beziehung, einer Ehe kann alles noch funktionieren, Höflichkeitsregeln können eingehalten werden, aber dahinter kann sich Kälte, ja Tod verbergen.

– Es kann geradezu Ordnungen des Todes geben: Die Vernichtungsmaschinerie von Kriegen, die Vernichtung von Völkern und Rassen kann »imposant« funktionieren. Gesetze können lebensfeindlich, freiheitsfeindlich sein und unter dem Mantel der Legalität Menschlichkeit unterdrükken.

Umgekehrt gilt: Jedes Leben schafft sich seine Ordnung, seine Gestalt. Das zeigt sich eindrucksvoll, wenn man unter dem Mikroskop Kristalle und Einzeller betrachtet. Jeder Biologe ist beeindruckt von der »Logik«, d.h. der Zielgerichtetheit und Zweckhaftigkeit, mit der das Leben sich die Strukturen des Überlebens schafft. Die Muster auf Schmetterlingsflügeln, die Gestalt des menschlichen Leibes, die Ordnung sozialen Zusammenlebens, die Naturgesetze des Universums und der Atome lassen alle, die sich das kindliche Vermögen des offenen Schauens bewahrt haben, in Staunen geraten über das Geheimnis der Wirklichkeit.

Auf der Ebene des Zwischenmenschlichen ist glückende Ordnung als Zusammenstimmen, als Harmonie, als Friede wahrnehmbar. Der heilige Augustinus drückt dies mit den Worten aus: »Friede ist die aus der Ordnung hervorquellende Ruhe.« Es gibt so kostbare Augenblicke, in denen der Mensch ahnt, was es heißt, daß die Welt »in Ordnung« ist.

Umgekehrt ist eine der deutlichsten Bekundungen des Bösen die Unordnung. Paulus bringt für die Gemeinde das Bild vom Leib und mahnt eindringlich: »Gott ist nicht ein Gott des Durcheinanders, sondern ein Gott des Miteinanders« (1 Kor 14,33). Deutlich spürbar ist die Unordnung für uns überall dort, wo das ökologische Gleichgewicht gestört ist und die Kreisläufe und Ordnungen des Lebens bedroht sind.

Auf dem Hintergrund dieser Erfahrungen wird verständlich, warum »Unordnung« und »Böses« zusammengebracht werden. Sprachlich drückt sich das darin aus, daß »der Böse« als Diabolos, d.h. wörtlich: »Durcheinanderbringer«, bezeichnet wird.

Die Kräfte des Bösen können unter der Tarnkappe der Ordnung wirken: Perfektionismus und Skrupellosigkeit sind ein schreckliches Zeugnis dafür. Ignatius wurde von dieser zerstörerischen seelischen Dynamik bis an den Rand des Selbstmords getrieben. So ist es zu verstehen, daß er mit seinen Exerzitien helfen möchte, sich von Gott von allen »ungeordneten Neigungen« befreien zu lassen, um »den göttlichen Willen zu suchen und zu finden in der Ordnung des eigenen Lebens zum Heil der Seele« (EB 1).

An dieser Stelle zeigt sich ein entscheidender Akzent, wie Ignatius Ordnung versteht: Es geht nicht um die Ordnung als solche. Sie ist nicht Selbstzweck, sondern Raum für die Suche nach Gott und Seinem Willen. Das eigene Leben zu »ordnen« ist eine Weise der Antwort auf Gottes schöpferisches Wort. Ordnung wird zur Sprache des Lebens. In diesem Sinne ist sie »Entsprechung« und wird zum Ausdruck und zur Gestalt von Beziehung. Sie ist schöpferische und freie Antwort auf den Gott und Freund des Lebens, der »alles in Weisheit gemacht« hat (Ps 104,24).

Indifferenz

Man solle vor allem in der Politik niemals »nie« sagen, heißt es. Ein Grundsatz, der Ignatius mit seiner »elastischen Spiritualität« durchaus lag. Aber zumindest einmal sagte er ausdrücklich »niemals«, nämlich in einem seiner Merksätze:

»Wahre dir in allen Dingen die Freiheit des Geistes. Schiele in nichts auf Menschenrücksicht, sondern halte deinen Geist innerlich so frei, daß du auch stets das Gegenteil tun könntest. Laß dich von keinem Hindernis abhalten, diese Geistesfreiheit zu hüten. Sie gib niemals auf« (GB 335).

Wenn Ignatius von »Indifferenz« spricht, dann meint er immer diese »Freiheit des Geistes«, diese »Freiheit zum Gegenteil«, das »geistliche Gleichgewicht«.
»Indifferenz« oder »Indifferentismus« bedeutet im normalen Sprachgebrauch eher »Gleichgültigkeit«. Ignatius dagegen meint mit Indifferenz keine lahme Leidenschaftslosigkeit, der »alles gleich ist«, keine Gefühllosigkeit gegenüber Werten. Indifferenz ist nur zu verstehen als Ausdruck der Liebe, die »zu allem bereit« ist: »Ich will dir folgen, wohin du auch gehst« (Mt 8,19) – auf Tabor und auf Golgota. Oder wie es im Trauritus heißt: »Ich verspreche

dir die Treue in guten und bösen Tagen, in Gesundheit und Krankheit.«

Nur in diesem Sinne ist die Formulierung von Ignatius im »Prinzip und Fundament« der Exerzitien richtig gedeutet:

»Darum ist es notwendig, uns allen geschaffenen Dingen gegen-über gleichmütig (indiferentes) zu verhalten, in allem, was der Freiheit unseres freien Willens überlassen und nicht verboten ist. Auf diese Weise sollen wir von unserer Seite Gesundheit nicht mehr verlangen als Krankheit, Reichtum nicht mehr als Armut, Ehre nicht mehr als Schmach, langes Leben nicht mehr als kur-zes, und folgerichtig so in allen übrigen Dingen. Einzig das sol-len wir ersehnen und erwählen, was uns mehr zum Ziele hin-führt, auf das hin wir geschaffen sind« (EB 23).

Die Lehre von der Indifferenz kann man »Relativitätstheo-rie der Spiritualität« nennen. Absolut ist nur die Liebe. Sie hat absolute Priorität. Auf sie hin ist alles bezogen, d.h. rela-tiv. Aus Liebe heraus kann jemand zu einem Freund ste-hen, obwohl er als Folge davon vielleicht in der Öffentlich-keit verleumdet wird. Aus Liebe heraus kann jemand seine Gesundheit, ja im Extremfall sein Leben riskieren und ein-setzen – nicht weil das Leben kein Wert wäre, sondern weil erst durch die Liebe alles wertvoll wird: Gesundheit und Krankheit, Reichtum und Armut, Leben und Tod.

Ein Zitat von Max Frisch kann helfen, den wahren Sinn von Indifferenz zu erfassen: »Eben darin besteht die Liebe, das Wunderbare an der Liebe, daß sie uns in der Schwebe des Lebendigen hält, in der Bereitschaft, einem Menschen zu folgen in allen seinen möglichen Entfaltungen.« Indiffe-renz ist die »Schwebe des Lebendigen«, in der uns die Lie-be hält. Indifferenz ist jenes freie innere Gleichgewicht, das es einem tanzenden Paar ermöglicht, auf die leiseste An-deutung des Partners einzugehen und in der Freiheit und im Gehorsam des Spieles einander in wechselnden Figu-ren und Richtungen zu folgen.

Auch die Übersetzung von Indifferenz mit »gelassenem Engagement« bzw. »engagierter Gelassenheit« durch Teilhard de Chardin drückt etwas Wesentliches dieser Haltung der Freiheit aus. Mehr noch, das Wort von der Gelassenheit kann ahnen lassen, daß die Indifferenz für Ignatius zur »Mystik des Alltags« gehörte. Dies wird im Blick auf Aussagen von Johannes Tauler deutlich. Für Tauler ist die Gelassenheit *das* Kriterium dafür, daß ein Mensch »in den Grund gekommen ist«, d.h. in die Tiefe, in der sein Innerstes eins geworden ist mit Gott. Ignatius lebte in dieser Gelassenheit. Nur so ist es verständlich, daß er einmal sagte: Wenn ihn etwas in inneren Aufruhr versetzen würde, dann wäre es, wenn die Gesellschaft Jesu aufgehoben würde. Aber er denke, daß er nach einer Viertelstunde des Gebets innerlich wieder ganz ruhig und gelassen sein würde. Die »Mystik des Alltags« besteht für Ignatius darin, in den kleinen und großen Entscheidungen aus dieser Freiheit des Geistes und des Herzens zu leben – »dies laß dir niemals nehmen!«

Wie kann ein Mensch zu dieser Freiheit gelangen? Ignatius bietet nichts anderes an als das Evangelium: »Die Wahrheit wird euch frei machen!« (Joh 8,32). Immer wieder, im täglichen Gebet, in Begegnungen, in Exerzitien gilt es, die Wirklichkeiten des eigenen Lebens wahr sein zu lassen und sich damit dem Geist Gottes und seinem Wirken anzuvertrauen. Eine grundlegende Wahrheit auf dem Weg des Befreiungsprozesses ist die Wahrheit, daß der Mensch unfrei, Sklave ist und der Hilfe zur Befreiung bedarf. Entscheidend dabei ist der Blick des Herzens auf die Freiheit Gottes, die sich an den Menschen gebunden hat. Der Befreier, Christus, läßt sich gefangennehmen; er ist »Sklave geworden« (vgl. Phil 2,7), damit wir frei seien. Wer sich an ihn bindet, wird mit ihm frei und kann ihm wie Ignatius sein wiedergewonnenes Freisein anbieten: »Nimm hin, o Herr, meine ganze Freiheit...«

Befreiung und Versöhnung

Sünde

»Ich brauche keine Bequemlichkeit. Ich will Gott, ich will Poesie, ich will wirkliche Gefahren und Freiheit und Tugend. Ich will Sünde!« – so schreit verzweifelt der »Wilde«, den Aldous Huxley in einem Roman schildert, und der aus seinem »Naturschutzgebiet« in die »schöne neue Welt« gerät. Dort gibt es noch vereinzelt »abweichendes Verhalten«, aber keine Sünde mehr und ebenso keine wirkliche Liebe. – »Ich möchte, daß du entsetzt bist!« sagte mir einmal eine junge Frau, die jahrelang in der Drogenszene gewesen war. Zutiefst suchte sie Bejahung und Liebe, aber diese sollte noch tiefer reichen als das ihrem Leben und Leiden und Tun entsprechende Entsetzen. So wie das Schöne und Gute den Menschen ins Staunen geraten läßt, so das Böse und Abscheuliche ins Entsetzen.

Was ist Sünde? Der dänische Religionsphilosoph Sören Kierkegaard macht eine Kernaussage dazu: »Sünde ist, vor Gott verzweifelt man selbst sein wollen oder vor Gott verzweifelt nicht man selbst sein wollen.« Dieses zweifache Angesicht der Verzweiflung drückt aus, daß die innerste Beziehung des Menschen zu Gott zerbrochen ist. Gott ist nicht mehr der Gott des Lebens, der dem Menschen Sein und Leben und Freiheit und Liebesvermögen schenkt, sondern erscheint als Konkurrent, als Bedrohung, als Feind.

Aus der Angst heraus, ungeliebt zu sein, niemand zu sein, produziert der Mensch verzweifelte Versuche der Selbstbestätigung und Selbstdarstellung: Hinter der schrecklichen Angst vor leisester Kritik, hinter zerstörerischem Leistungszwang, hinter Perfektionismus, hinter Herrschaftsgelüsten, hinter Macht- und Geldgier stecken tiefste Minderwertigkeitsgefühle. Das Ich der Liebe hat solche »Ichblähungen« nicht nötig: »Die Liebe bläht sich nicht auf« (1 Kor 13,4).

Ignatius kannte in seinem Leben die Verzweiflung und die Sünde, und er fand zurück zur unfaßbaren Liebe des menschenfreundlichen Gottes. Ein gewisser Juan Pascual erinnert sich nach Jahrzehnten bei der Vernehmung zum Heiligsprechungsprozeß noch an einen nächtlichen Stoßseufzer – oder besser: an einen »Stoßjubel« – von Ignatius: »Mein Gott, wie unendlich gut bist Du! Du verträgst sogar jemanden, der so schlecht und verdorben ist wie ich.«

Ignatius wurde tief ins Dunkel seines Lebens, in die Wahrheit über seine seelisch-geistigen Finsternisse geführt. Auf dem dunklen Grund, in der Mitte der schwarzen Nacht begann für ihn durch die Begegnung mit dem lebendigen, liebenden Gott der Anfang eines neuen Tages. – Was brachte er von dieser »Pilgerreise« mit?

Die befreiende Erkenntnis, daß der Mensch mit seinen schrecklichsten Finsternissen vor Gott dasein darf. Die sog. »Höllenbetrachtungen« sind die Einladung – man möchte fast sagen: sie geben die »Erlaubnis« an das Bewußtsein –, mit dem Schlimmsten, mit den allerschrecklichsten Ängsten offen vor Gott dasein zu dürfen; vertrauend offen vor dem Gott, der in Christus, in dessen »Höllenabstieg« von »zuunterst« her die Welt und die Menschen erlöst hat: »So sehr hat Gott die Welt geliebt...« (Joh 3,16).

Ignatius weiß, daß er nicht mehr verzweifelt versuchen muß, sich selbst zu erlösen. Er weiß, was Liebe ist, und darum auch, was Sünde ist. Er weiß, daß die Sünde, die Lieblosigkeit zuinnerst entsetzlich ist – »auch wenn sie nicht verboten wäre«, wie er sagt. Ignatius kennt durchaus den Sinn des Leidensdrucks, der den jungen Mann von den Schweinetrögen aus der Fremde wieder zu seinem Vater zurückkehren läßt (vgl. Lk 15,11–32); zutiefst aber ist es die Liebe, die zum Leben verlockt und in der Versöhnung neues Leben schenkt. – »Mein Gott, wie unendlich gut bist du!«

Ungeordnete Anhänglichkeiten

Wenn man von einem »anhänglichen Kerlchen« spricht, dann weckt dieses Wort das Bild von einem lieben, putzigen Kind, das der Mutter, dem Vater, einem älteren Geschwister oder irgendeinem Besuch dauernd auf den Fersen ist oder sich ankuschelt. So eine Beziehung kann allen Beteiligten Freude machen, drückt sie doch Zuneigung und Vertrautsein aus. Unangenehm ist es dagegen, wenn man von einem Menschen sagt, er hänge »wie eine Klette« an einem. Das erinnert an den lästigen Versuch, nach einem Waldspaziergang durchs Unterholz die Kleidung von Kletten, die sich dort festgesetzt haben, zu befreien.

Solch ein alltägliches Beziehungserlebnis zeigt in etwa, was Ignatius mit den »ungeordneten Anhänglichkeiten« meint, von denen er schon in der ersten Anweisung der Exerzitien (EB 1) und dann auch im Zielsatz spricht (EB 21). Geistliche Übungen sollen »dazu bereit machen, alle ungeordneten Anhänglichkeiten von sich zu entfernen, und nachdem sie abgelegt sind, den göttlichen Willen zu suchen und zu finden in der Ordnung des eigenen Lebens zum Heil der Seele« (EB 1).

Am deutlichsten wird die ungeordnete Anhänglichkeit, der ungeordnete Affekt, im Phänomen der Sucht. Drogensucht, Alkoholabhängigkeit, Klatschsucht, sexuelle Hörigkeit, Lesewut, Geltungssucht, Fernsehabhängigkeit, Beziehungssucht, narzißtischer Egoismus – dies alles sind verschiedene Weisen, wie ein Mensch von einem Stoff, von Gewohnheiten, von Menschen und vor allem von sich selbst in einer unfreien Weise abhängig ist.

So wie ein einzelner Mensch süchtig ist, so kann auch eine ganze Gesellschaft süchtig sein. In dem Buch von Anne Wilson Schaef: »Im Zeitalter der Sucht. Wege aus der Abhängigkeit« (Hamburg 1989), wird die These vertreten, daß die Menschen von heute in einem ganzen Sucht-System gefangen sind. »Konsumismus« ist nur das bekannteste Wort dafür.

In ihrem tiefsten Kern sind Suchterscheinungen eine Form von Götzendienst. Jedenfalls kann man so ein Wort von Martin Luther ausdeuten: »Gott ist, woran einer sein Herz hängt.« Paulus sagt dasselbe in seinem Brief an die Philipper: »Ihr Gott ist der Bauch« (3,19). Süchte, Fixierungen, Verabsolutierungen zielen alle darauf, die richtige Wertordnung durcheinanderzubringen und so den Menschen zu zerstören.

Wie geschieht die Ordnung der ungeordneten Anhänglichkeiten? Wie geschieht die Befreiung?

Zuerst dadurch, daß ein Mensch seinen Zustand erkennt und den Leidensdruck, unter dem er steht, wirklich zuläßt. Dann gilt für ihn das Wort des Evangeliums: »Die Wahrheit wird euch frei machen« (Joh 8,32).

Ein zweiter Schritt besteht darin, ehrlich und demütig zuzugeben, daß man sich nicht allein aus der Situation der Gefangenschaft befreien kann. Wenn das noch möglich ist, dann hat man die Sucht, die Unfreiheit noch gar nicht in ihrer Urform erfahren, in der sich ein Mensch völlig ohnmächtig fühlt. Klassisch hat dies Paulus mit den Worten ausgedrückt: »Ich begreife mein Handeln nicht: ich tue nicht das, was ich will, sondern das, was ich hasse ... Ich tue nicht das Gute, das ich will, sondern das Böse, das ich nicht will... Ich unglücklicher Mensch! Wer wird mich aus diesem dem Tod verfallenen Leib erretten? Dank sei Gott durch Christus, unsern Herrn!« (Röm 7,15. 19.24–25).

Dieser Text zeigt, was mit Unerlöstheit und »Erbsünde« gemeint ist: die Erfahrung, daß der Mensch auf einer »schiefen Ebene« lebt. Er steht in der Gefahr, nach unten bzw. immer wieder in die »alten Geleise« zu rutschen. Zugleich zeigt aber Paulus auch, daß er durch den Glauben geheilt wurde. Durch die Begegnung mit Christus, mit dem Evangelium, ist ihm Befreiung und neues Leben geschenkt worden. »Freiheit« ist eines der großen Worte, die Paulus nicht genug sagen kann, um seine Heilserfahrung zu beschreiben.

Vielleicht ist keine Gruppe von Menschen geeigneter, Ausweglosigkeit und Ausweg von Abhängigkeit aufzuzeigen, als die Alkoholiker. Der Jesuit Aimé Duval, bekannt geworden durch seine religiösen Chansons in den 60er Jahren, ging durch die Hölle der Abhängigkeit vom Alkohol. In seinem Buch »Warum war die Nacht so lang?« (Freiburg [5]1988) berichtet dieser »Sänger, Jesuit und Alkoholiker« von seinem Weg. Zwischen dem Anspruch, das Reich Gottes wirksam zu verkündigen, und der Wirklichkeit, die er bei allen »Erfolgen« als unzureichend erlebte, verspürte er eine schmerzliche Spannung. Diese suchte er durch den Alkohol zu lösen. In einer Gruppe von Anonymen Alkoholikern fand er Hilfe. Sein Bekenntnis am Ende des Buches lautet:

»Wichtig ist heute für mich, in meinem fortgeschrittenen Alter, daß ich sage: ›Ich heiße Lucien, und ich bin Alkoholiker.‹ Und ich träume von einer Zeit, wo der Diktator sagt: ›Ich heiße Soundso, und ich bin ein Folterknecht, Kriegstreiber und Lügner.‹ Eine Zeit, in der der Menschenverächter sagt: ›Ich heiße Soundso, ich bin ein Angeber, hochmütig und geldgierig.‹ Noch mehr Träume? Ja. Weil nicht genug geträumt wird, ist unser Verlangen nach Glück ohnmächtig und erstarrt.«

Dies ist es, wozu Ignatius mit seinen Exerzitien helfen will: aus erstarrten Abhängigkeiten herauszukommen und das eigene Leben nicht von ungeordneten Anhänglichkeiten bestimmen zu lassen, sondern in lebendiger Hinneigung und Hingabe zu leben.

Gewissenserforschung (I)

»Abends stelle ich mich ans geöffnete Fenster, stecke mir eine Zigarette an und lasse dann die Ereignisse des Tages wie den Rauch hochsteigen. Dies ist mir die wichtigste Gebetsweise.« Was ein Jesuitenmitbruder mit diesen Worten beschreibt, macht in etwa anschaulich, was für Ignatius die wohl wichtigste und kennzeichnendste geistliche Übung ist: die Gewissenserforschung.

In der Gewissenserforschung geht es darum, mit dem Leben und Erleben eines Tages vor dem »Gott, der sieht« (Gen 16,13), dazusein. Ein Wort aus Psalm 139 kann zu Bewußtsein bringen, daß es mehr darum geht, den Blick Gottes auf sich ruhen zu lassen, als nur darum, sich selbst zu durchschauen: »Herr, du hast mich erforscht, und du kennst mich... Du bist vertraut mit all meinen Wegen« (Ps 139,3.9).

Andere Namen für die Gewissenserforschung können deren Sinn noch mehr erhellen:

Der Name »*Examen*« will sagen: Es geht um einen geistlichen Vorgang der Prüfung. Bei Paulus findet sich dafür eine klassische Kurzformel: »Prüfet alles, das Gute behaltet!« (1 Thess 5,21). Es gilt also, im eigenen Leben Echtes von Falschem zu unterscheiden.

Die Bezeichnung »*Auswertung*« oder »*Tagesauswertung*« bringt die Überzeugung zum Ausdruck: Jeder Tag ist wertvoll. Manches davon sieht und spürt man sofort. Vieles zeigt sich erst beim Graben – so wie viele Bodenschätze erst im Abbau unter Tage gewonnen werden können.

Die Formulierung »*Gebet der Verantwortung*« sagt: Der Mensch führt sein Leben im Dialog. Immer, vor allem auch, wenn er sich hinter einem Busch versteckt wie Adam und Eva oder die Augen senkt wie Kain, lädt ihn Gott zum Gespräch ein: »Adam, wo bist du?«, »Kain, wo ist dein Bruder Abel?«

Die Kennzeichnung der Gewissenserforschung als »*Gebet der liebenden Aufmerksamkeit*« bringt zum Ausdruck: Ich möchte mich vor Gott mit offenem Herzen der Wirklichkeit des Lebens zuwenden und sie als »große Aufmerksamkeit Gottes« wahrnehmen lernen. Ich möchte dem Leben, den Menschen mit liebender Aufmerksamkeit begegnen im Glauben, daß Gott uns durch die Wirklichkeit umarmt.

Auf dem Hintergrund der Psalmengebete des Alten Testaments meint Gewissenserforschung vor allem, das eigene Leben als Heilsgeschichte verstehen und leben zu lernen und so »weise« zu werden: »Unsere Tage zu zählen lehre uns, damit wir ein weises Herz gewinnen« (Ps 90,12).

Im Neuen Testament findet sich die Einladung zur Gewissenserforschung vor allem in Worten, die mahnen, »nüchtern und wachsam zu sein« (1 Petr 5,8), »die Zeichen der Zeit« (Lk 12,56) erkennen zu lernen und »die Geister zu unterscheiden« (1 Kor 12,10; vgl. 1 Joh 4,1–6).

Der eigentliche Sinn der Gewissenserforschung ist es, in wachsender Achtsamkeit leben zu lernen. Die Grundschritte dabei sind nach Ignatius: Dasein, Dank, Unterscheidung, Versöhnung, Vorausschau. Es kann durchaus immer wieder ein einzelner Schritt im Vordergrund stehen, aber auf lange Sicht gesehen bedarf es aller dieser Schritte.

– *Einübung ins Dasein:* Zunächst geht es darum, anzukommen, zu sich zu kommen, gegenwärtig, still, ruhig zu werden. Wenn die Gewässer der Seele zu unruhig sind, dann spiegelt sich der Tag nur verzerrt darin. Für diesen ersten Schritt kann es helfen, sich einen ruhigen Ort zu suchen, ein paarmal tief durchzuatmen und dann kommen zu lassen, was einen am meisten bewegt, und es dann loszulassen. Das Bewußtsein, vor Gott dazusein, kann das Stillwerden vertiefen.

– *Einübung ins Danken:* »Danken für die Wohltaten Gottes«, sagt Ignatius. Danken für die Gesundheit; für Begegnungen am Tag; für die Sonne und den Wind; für eine Blume zwischen Pflastersteinen; für eine Einsicht; für gute Worte; für den Arbeitsplatz, der keine Selbstverständlichkeit ist; für eine gute Lektüre; für die eigenen Kinder; für eine gute politische Nachricht; für all das Gute, das durch mich selbst geschehen konnte; danken für mein Leben.

– *Einübung in die Unterscheidung:* Wie sinnerfülltes Leben nur möglich ist im Danken und durch immer neue Schritte der Versöhnung, so auch nur durch Unterscheidung. Unterscheiden heißt, einen ersten und einen zweiten Blick auf die Wirklichkeit zu werfen.

Im ersten Blick lasse ich mir ungeordnet und ohne Zensur alles zu Bewußtsein kommen, was sich zeigen will: Trauer, Freude, Ärger, Ungeduld, Begegnungen, Entscheidungen usw.

Im zweiten Blick gilt es zu unterscheiden, in welche Richtung mich die Ereignisse, die Empfindungen, das eigene Tun führen: in die Richtung Gottes, d.h. der Liebe, oder in die Richtung des Bösen, der Lieblosigkeit.

Im oftmaligen Üben der Unterscheidung kann sich dann ein immer sichereres Gespür für das Wirken des guten Geistes und für die zerstörerischen Tendenzen im eigenen Leben entwickeln.

Oft genügt es zur Unterscheidung, ein Erlebnis im Zeitlupentempo in sich dasein zu lassen: langsam hören, was gesprochen wurde, und schauen, was geschehen ist, und spüren, was ich empfinde. Durch langsames »Verkosten« und »Kauen« einer Lüge, einer Feigheit, einer aggressiven Äußerung, eines freien Wortes, einer Freude, eines Friedens zeigt sich im Nachgeschmack, ob der Friede tief gegründet oder ein fauler Friede ist, ob die Freiheit wirklich befreiend oder ein »Deckmantel der Bosheit« ist, ob etwas nur kurzfristig oder auch langfristig guttut.

– *Einübung in die Versöhnung:* Nicht selten gibt es etwas in meinem Leben, das mich nicht »zur Ruhe kommen« läßt: ein Streit, ein böses Wort, ein Versäumnis, eine grobe Rücksichtslosigkeit, unaufmerksames Dasein, Mißverständnisse, Lieblosigkeiten, unverantwortliches Handeln. All dies schafft Unruhe und bedarf der Versöhnung: der Versöhnung mit Gott, der Versöhnung mit anderen Menschen, der Versöhnung mit mir selbst.

Allein schon die bloße Wahrnehmung von Unversöhntem kann ein Schritt zur Befreiung sein: »Die Wahrheit wird euch frei machen!« (Joh 8,32). Es gilt, alles Unversöhnte in die Hände Gottes zu legen, der in seiner Liebe ganz Barmherzigkeit und ganz Gerechtigkeit ist. Dies kann und darf geschehen im Blick auf das letzte Gebet Jesu: »Vater, verzeih ihnen, denn sie wissen nicht, was sie tun. – Vater, in Deine Hände lege ich meinen Geist« (Lk 23,34.46).

– *Einübung in die Vorausschau:* Die Einübung in die Dankbarkeit, in die Unterscheidung und in die Versöhnung ist Hilfe und Voraussetzung für die Vorausschau, für den Weg in die Zukunft. Was mir geschenkt wurde, ist mir gegeben, damit ich aus noch größerer Fülle leben kann; was ich erkannt habe, ist Licht für meinen weiteren Weg.

In diesem Sinn gilt es, immer wieder neu den Sprung ins Vertrauen zu wagen. Nur so ist Leben und Zukunft möglich. Gibt mir der Weg von heute eine Richtung für morgen an? Fühle ich mich vom Geist Gottes gelockt, getrieben, gezogen? Wofür möchte ich um Kraft und Weisung bitten? – Paulus sagt einmal: »Die Liebe Christi drängt uns« (2 Kor 5,14), und drückt damit aus, daß er, »die Liebe im Rücken«, vertrauensvoll nach vorne leben will.

Wer die Möglichkeiten dieser geistlichen Grundübung des Ignatius entdeckt, wird spüren, daß sie eine Art Zusammenfassung geistlichen Lebens ist: gottverbundenes Leben in Aufmerksamkeit, im Danken, in Versöhnung, im Unterscheiden und im Vertrauen.

Gewissenserforschung (II)

Die Gewissenserforschung war für Ignatius eine Art Kurzexerzitien an jedem Tag: Daseinsdank, Versöhnungsgeschehen, Bereitschaft, sich in der Nachfolge Jesu ins Morgen hineinrufen zu lassen, das ist der Grundrhythmus der Exerzitien, und das sind auch die Grundschritte des »Gebets der liebenden Aufmerksamkeit«. Von dieser Parallelität her kann man ermessen, wie kostbar Ignatius diese tägliche Gebetszeit war.

Mit dieser regelmäßigen geistlichen Übung schuf er so etwas wie eine »geistliche Infrastruktur«. Wie wichtig eine

Infrastruktur ist, sieht man, wenn durch Katastrophen Straßen zerstört werden: Hilfsgüter können in Fülle dasein, aber es ist kein Transport mehr möglich. So etwas gibt es auch im geistlichen Leben: Man hat gute Ideen, feste Vorsätze usw., und dann muß man oft feststellen, wie wenig daraus geworden ist. Die Gewohnheit der täglichen »Kurzexerzitien« schafft einen institutionell abgesicherten Raum, eine »Straße«, auf der Wünsche, Vorsätze usw. »transportiert« werden können. An jedem Tag wird man daran erinnert, was man eigentlich sucht und will. Dies kann zu einer großen Stütze auf dem Weg werden. Aber wie soll man sich diesen Raum, diesen Zeitraum schaffen?

Wer nicht gleich auf die ignatianische Grundform der Gewissenserforschung »anspringt«, dem können verschiedene *Spielformen und Vorformen* helfen:

– Man kann jeden Tag einen eigenen Tagespsalm beten, der nach dem Vorbild der biblischen Psalmen die Stoßseufzer, das Aufatmen, die Klagen und den Dank eines Tages kommen und zu Gott »aufsteigen« läßt. Man kann vor Gott zum Tagesgeschehen »frei assoziieren«.

– Es ist oft hilfreich, einen »lebenshaltigen« Brief an einen Menschen zu schreiben, mit dem man auf einer wesentlichen Ebene korrespondieren kann.

– Nicht ganz selten ist es, daß jemand ein Tagebuch als guten Begleiter hat.

– Eine wichtige Szene des Tages läßt sich wie ein Dia-Lichtbild intensiv betrachten oder wie auf einem Foto langsam entwickeln und vergrößern; dies kann ungeahnte Erkenntnisse bringen.

– Wer auf die Spur gerät, die Sprache des Leibgewissens zu erlernen, erfährt dies oft als einen »Wachstumsschub«: Der Kopfschmerz, die Schlaflosigkeit, die »Wut im Bauch« usw. können dann auch über die eigene spirituelle Verfassung einiges sagen.

– Die Arbeit an der eigenen Sprache, an eingeschliffenen, aber unfruchtbaren Redewendungen usw. kann ein guter Ansatz sein.

– Wenn man das Glück hat, einen Menschen in der Nähe zu haben, mit dem man sich gut versteht, dann kann ein kleines Abendgespräch über den Tag vieles vom Gebet der liebenden Aufmerksamkeit an sich haben.

... und viele andere Möglichkeiten; der Phantasie sind durch den Geist Gottes keine Grenzen gesetzt. Es gilt herauszuspüren, was einem auf Dauer guttut.

So wichtig wie die verschiedenen Weisen sind, so auch die *Zeiten*. Ignatius kennt für die Gewissenserforschung den Morgen, den Mittag, den Abend und, wie er sagt, »jede Stunde«. Dies läßt sich auch anders ausdrücken:

– Es gibt das »Gebet der immerwährenden Aufmerksamkeit«, d.h. ein Bewußtsein der Gegenwart Gottes – manchmal seiner schmerzlich empfundenen Ferne –, das einen wie eine Grundstimmung, wie z.B. Freude oder Trauer, bei allem Tun und Lassen trägt und prägt.

– Es gibt das »Gebet der begleitenden Aufmerksamkeit«, d.h. eine Geisteshaltung der liebevollen Aufmerksamkeit, der Wachheit, mit der wir Menschen begegnen, im Gespräch sind und mit Dingen umgehen. Oft ist sie verbunden mit einer »Entdeckung der Langsamkeit«, die aber nicht Lahmheit, sondern die Ruhe des Lebendigen ist.

– Es gibt ein »Gebet der liebenden Vorausschau«, bei dem man – vielleicht noch im Bett oder gleich nach dem Aufstehen – für ein paar Minuten den Tag in den Blick nimmt, so wie man bei einer Bergtour vorausschaut in Nebelgelände, auf Aussichtspunkte, Höhen und Tiefen. Gerade diese Weise des betenden Vorausschauens kann erfahrungsgemäß besonders hilfreich sein. Sie ist nicht »ängstliches Besorgtsein«, sondern menschliche Weise, an Gottes Vorsehung teilzunehmen.

– Man kann auch von einem »Gebet der innehaltenden Aufmerksamkeit« sprechen. Gemeint sind damit die kleinen Pausen im Fluß des Geschehens zwischen zwei Gesprächen, auf dem Weg von einem Zimmer zu einem anderen, bevor man nach Fertigstellung einer Arbeit gleich wieder zum Telefonhörer greift. Ein solches kurzes Innehalten wirkt wie die Stoßdämpfer zwischen Eisenbahnwaggons und wie die Knorpelscheiben zwischen den Wirbeln: Sie lassen spüren, wie wohltuend und wichtig elastische Zwischenräume sind. Wer »pausenlos« lebt und nicht die Kunst des kurzen Innehaltens beherrscht, der taumelt und hetzt bald mehr, als er wirklich geht.

– In einer mittäglichen, abendlichen festen Zeit wird die Aufmerksamkeit natürlicherweise ein bewußtes Zurück- und Vorausschauen sein auf den Weg, den man gegangen ist und der vor einem liegt. Dies kann in der geistigen Haltung geschehen, das, was man gesehen hat, sich noch einmal von Gottes Geist zeigen zu lassen.

Die Französin Simone Weil (1909–1943) lebte ganz aus dieser Haltung der Aufmerksamkeit. Einige Worte von ihr können zeigen, welch fundamentalen Wert sie ihr beimißt:

»Aufmerksamkeit ist die Tür zur Wahrheit.«

»Aufmerksamkeit ist die seltenste und reinste Form der Großherzigkeit.«

»Jedesmal, wenn man wirklich aufmerksam ist, wird etwas Böses in einem zerstört.«

»Durch Aufmerksamkeit geschieht Vereinigung, Begegnung, Liebe, innere Bereitung für die mystische Erfahrung.«

»Die Spitze der Aufmerksamkeit berührt Gott.«

»Aufmerksamkeit ist zuletzt In-der-Liebe-Sein.«

Gegensteuern

Wenn ein Autoreifen platzt oder ein Auto auf glatter Straße ins Schleudern kommt, dann gilt es entsprechend kräftig oder behutsam »gegenzusteuern«. Dieses Gegenlenken gibt es auch auf der »Straße« des menschlichen Lebens. Ignatius spricht in diesem Sinn vom »agere contra«, davon, »dagegen zu handeln«, also eine bewußte Gegenbewegung zu machen.

In seinem eigenen Leben wird dieses Gegensteuern am frühesten und deutlichsten sichtbar, als er, der ehemalige Höfling, sein Äußeres nicht mehr pflegt:

»Und da er früher entsprechend der Gepflogenheit jener Zeit mehr auf die Pflege seines Haares bedacht war und er noch immer eine schöne Frisur hatte, beschloß er nun, es einfach wachsen zu lassen, wie es wolle, ohne es zu kämmen oder zu schneiden oder irgendwie während der Nacht oder bei Tag zu bedecken. Aus dem gleichen Grund ließ er auch die Zehen- und Fingernägel wachsen, da er ebenfalls dafür früher besondere Sorgfalt aufgewendet hatte« (PB 19).

Da Ignatius seine alten Lebensgewohnheiten ablegen wollte, hat er sich selbst eine Zeit der »Entwöhnung« zugemutet. Er wechselte die Richtung seines Lebensweges, also mußte er umlenken, gegensteuern. Daß man dabei auch »übersteuern« kann und dann in Gefahr ist, genau im gegenüberliegenden Straßengraben zu landen, mußte Ignatius schmerzlich lernen. Ein »normaleres« Aussehen legte er sich zu, als er merkte, wieviel Freude es ihm bereitete, mit anderen Menschen geistliche Gespräche zu führen. Sein Gegensteuern war also nicht eine bloß mechanische und zwanghafte Gegenreaktion, sondern gab ihm größere Bewegungsfreiheit.

Wer in seinem Leben gegensteuern möchte, tut gut daran zu wissen, wo seine ganz persönlichen Schlagseiten und Schwachpunkte liegen. Wer normalerweise zuviel redet oder zuviel trinkt oder zuviel arbeitet oder zu vorsichtig ist, dem hilft es gegenzusteuern, indem er im Zweifelsfall lieber ein Wort zu wenig sagt, ein alkoholfreies Bier trinkt, einen arbeitsfreien Tag verbringt und ein offenes Wort riskiert. – Die vierzig Tage der Fastenzeit vor Ostern sind ausdrücklich dieser geistlichen Gegenbewegung gewidmet, die ein Ausdruck des Umkehrwillens ist.

Es gab Zeiten, in denen dieser Umkehrwille, der Wille überhaupt überschätzt wurde. Ich erinnere mich an einen alten Spruch: »Durch Berge treibt man Stollen, doch vor dem Herzen stehst du still; man muß nur wollen, wollen, man kann schon, wenn man will.« So sehr sich dies reimt und manchmal auch eine Ermutigung sein kann, die Wirklichkeit zeigt sich oft »ungereimter«. Paulus drückt dies mit den Worten aus: »Was ich tue, will ich nicht, und was ich will, tue ich nicht« (vgl. Röm 7,15).

Auch Ignatius weiß, daß der Mensch nicht von allen seinen Schlagseiten, seinen »ungeordneten Neigungen« frei wird. Dies zeigt eine sehr bezeichnende Korrektur im Exerzitienbuch. Ignatius hat in einem ihm selbst vorliegenden Exemplar den Text – »geistliche Übungen, um über sich selbst zu siegen... und keine ungeordneten Neigungen zu haben« – eigenhändig korrigiert in: »um sich durch keine ungeordneten Neigungen *bestimmen* zu lassen«. Dies ist ein »himmelweiter« Unterschied. Unser »Lebenswagen« ist nie so exakt »ausgewuchtet«, daß es nicht immer wieder Abweichungen und Schiefheiten gäbe. Wen aber der Geist des Evangeliums beherrscht, der Geist der Freiheit der Kinder Gottes, der ist in seinem Lebenszentrum nicht mehr versklavt und nicht mehr von Fremdkräften zwanghaft bestimmt.

Der »Sieg über sich selbst«, die »Selbstbeherrschung« scheitert kläglich, wenn sie nur ein eigenmächtiger Versuch der Selbsterlösung ist. Hier gilt das biblische Gleichnis von dem Mann, der einen Dämon aus seinem Haus vertrieb, es sauber ausfegte und in Ordnung brachte. Als der Dämon zurückkam und über die Mauer in das blitzblanke Haus schaute, holte er noch sieben andere, und es erging dem Mann schlimmer denn je (vgl. Mt 12,43–45). – Dort aber, wo ein Mensch den Geist Gottes in sich herrschen läßt, dort herrscht die Freiheit, die Kraft zur Selbstbeherrschung schenkt. Ähnlich gilt: Erst wenn ein Mensch der akuten Todesgefahr entrissen ist, kann und muß er auch am Gesundungsprozeß mitwirken. So ist es auch auf der geistlichen Ebene: Durch die Taufe des Glaubens wird der Mensch dem Tod entrissen und kann dem Bösen, den lebensgefährdenden Tendenzen, Widerstand leisten. Die-

ser Widerstand ist kein bloß äußeres Sich-Zusammenrei-
ßen, sondern kommt von innen, aus dem »Ich widersage«
des österlichen Taufversprechens. Aus diesem Geist heraus kann Ignatius sagen: »Wer wirklich will, dem ist nichts
schwer; am allerwenigsten, wenn es aus Liebe zu unserem
Herrn Jesus Christus geschieht.«

Ich selbst

Viermal taucht allein in der »Betrachtung zur Erlangung
der Liebe« (EB 230–237) die Formulierung auf: »Dann zurückbesinnen auf mich selbst.« Es scheint Ignatius wichtig
zu sein, am Ende einer Betrachtung, einer Meditation, die
sich auf eine Wirklichkeit des Glaubens, auf das Leben
Jesu, gerichtet hat, den Blick auf sich selbst zu richten. Bei
der Betrachtung der Geburt Jesu heißt es auf einer halben
Seite gleich dreimal: »Und dann mich auf mich selbst besinnen, um einigen Nutzen zu ziehen« (EB 114, 115, 116).
Um den »Nutzen« geht es, um die »Frucht«.
Die erste Frucht ist die wachsende Beziehung zu sich
selbst. Der dänische Religions- und Existenzphilosoph Sören Kierkegaard definiert einmal das Selbst des Menschen
mit den Worten: »Das Selbst ist ein Verhältnis, das sich zu
sich selbst verhält.« Dies bedeutet, daß der Mensch immer
wieder zu sich selbst zurückkommen muß – andernfalls
wäre er »außer sich« und nicht er selbst. In diesem Sinn
läßt Ignatius immer wieder fragen: Was hat das, was ich
betend geschaut oder besinnend überlegt habe, mit mir
selbst, mit meinem Leben zu tun? Wie ist und wird die
»objektive« Wahrheit einer Glaubenswirklichkeit in meinem eigenen Leben wirksam?
Eine zweite Frucht dieser Besinnung auf sich selbst ist die
Erdung einer inneren Erfahrung im »Tagesbewußtsein«.
Die Meditation kann, ähnlich wie der Traum, auf tiefere
Bewußtseinsstufen führen. Durch das bewußte Fragen

nach der Verbindung zum eigenen Leben geschieht eine gegenseitige Durchdringung von tiefer und höher gelegenen Bewußtseinsschichten.

Dies heißt nicht, man solle oder könne sich *alles* bewußt machen – wie man ja auch bei der Ernte eine Frucht pflückt und nicht den Baum mit seinen Wurzeln ausreißt. Es wäre unmöglich und unmenschlich, alles Unbewußte bewußtmachen und aus den dunklen Tiefen des Daseins ins grelle Licht ziehen zu wollen. Aber Früchte zu pflükken, wenn sie reif sind und bevor sie auf dem Boden aufschlagen und faul werden, das dient dem Leben – dem eigenen und dem anderer.

Die tägliche geistliche Übung der Gewissenserforschung ist eine weitere Weise, wie Ignatius nach sich selbst, dem eigenen Tun und Lassen, den persönlichen Motiven und dem Wirken Gottes im eigenen Leben fragen läßt.

Ohne Rückkehr zu sich selbst verliert sich der Mensch: Er ist dann der großmäulige Weltverbesserer, der alles ändern will, nur sich selbst nicht; er ist der Mensch, der die Splitter im Auge der Nächsten untersucht und den Balken im eigenen Auge übersieht; er ist wie König David, der sich maßlos über eine Ungerechtigkeit an einem seiner Untertanen erregt, bis der Prophet Natan ihm sagt: »Du selbst bist dieser Mann!« (2 Sam 12,7). Konkret gesagt: Eines ist es, globale ökologische Forderungen zu stellen, ein anderes, den eigenen Lebensstil zu ändern und nicht von jedem Einkauf mit fünf Plastiktüten zurückzukommen.

Ignatius gibt noch einen dritten Hinweis für die Rückbesinnung auf sich selbst: auch während Gesprächen auf die eigenen Empfindungen und Redeweisen zu achten. Wenn heutzutage darauf gedrungen wird, in Begleitungsgesprächen oder in Gesprächsrunden nicht dauernd per »man« zu reden – »man müßte«, »man sieht doch«, »man sagt doch« –, dann wäre Ignatius der erste, der solche Sprachregulierungen mitmachte. Sein »Zurückbesinnen auf sich selbst« ist Anregung zur Ichwerdung, ist ignatianische Maßnahme gegen das »man«.

Nachfolge und Sendung

Jesus

Kein bissiges Wortspiel hätte Ignatius wohl so getroffen wie der lateinische Spottvers: »Si cum Jesuitis non cum Jesu itis«, d.h.: »Wenn ihr mit den Jesuiten geht, geht ihr nicht mit Jesus.« Vielleicht hätte er dem nur das Symbol des Jesuitenordens entgegengehalten, das IHS, das auch als »Jesum Habemus Socium« ausgedeutet wird, d.h.: »Wir haben Jesus als Gefährten.«
Wer ist Jesus für Ignatius? Eine Antwort auf diese Frage gibt P. Pedro Arrupe SJ:

»Für mich ist Jesus Christus alles... Für mich ist Jesus Christus alles. Nur so kann ich ausdrücken, was Jesus Christus in meinem Leben bedeutet: alles... Nehmen Sie Christus aus meinem Leben, und alles wird zusammenstürzen, wie ein Körper, dem man das Skelett, den Kopf und das Herz wegnimmt... Sicher ist die Gestalt Jesu von einem gewissen Gesichtspunkt aus sehr komplex oder kann, wenn Sie so wollen, unter vielerlei Aspekten gesehen werden. In Wirklichkeit aber ist sie sehr einfach: Ob Jesus Christus als schwaches Kind erscheint oder als der Allmächtige, ob er liebevoll und zärtlich ist mit den Kindern oder streng mit den Pharisäern – alles vereinigt sich in einem einzigen Aspekt, dem der Liebe... Diese Liebe belebt alles übrige. Jesus Christus ist ein Freund für mich, besonders in der Eucharistie« (Pedro Arrupe, Mein Weg und mein Glaube, Ostfildern 1983, S. 48).

Diese Worte hätte Ignatius gesagt haben können. Auch für ihn ist Christus alles; Er ist Freund, und dies in besonderer Weise in der Eucharistie.
Im Exerzitienbuch zeigt sich, wer Christus für Ignatius ist: Im Sinne des »Prinzip und Fundaments« der Exerzitien ist Er der »ewige Herr und Schöpfer aller Dinge«; in der er-

sten Exerzitienwoche die für den Menschen gekreuzigte Liebe und Barmherzigkeit Gottes, die den Menschen aus Sünde und Tod erlöst; in der zweiten Woche der »menschenfreundliche König« (EB 94), der die Menschen zu sich ruft, damit sie bei ihm seien und er sie aussende und sie das Evangelium bis an die Grenzen der Welt verkünden; in der Woche des Leidens ist Jesus der Arme, der Verspottete, dessen Liebe bis zur Vollendung geht, bis zum Tod am Kreuz, bis zur Solidarität in den Tod und über den Tod hinaus; vom auferstandenen Herrn heißt es dann: »Erwägen, wie die Gottheit, die sich in der Passion zu verbergen schien, jetzt in der Heiligsten Auferstehung so wunderbar aufleuchtet und sich offenbart durch deren wahre und heiligste Wirkungen« (EB 223). Eine dieser Wirkungen ist der Trost, die Freude im Heiligen Geist: »Das Trösteramt betrachten, das Christus unser Herr ausübt, und damit vergleichen die Art, wie Freunde einander zu trösten pflegen« (EB 224).

Christus ist für Ignatius Herr und Freund, und Ignatius fühlt sich als Knecht und Freund Jesu. Wie jede Beziehung hat auch diese eine lange Geschichte mit Höhen und Tiefen. Auf seinem Krankenlager in der Zeit der Bekehrung liest Ignatius das Leben Christi, lebt sich in die biblischen Szenen hinein und schreibt auf Hunderten von Seiten »mit roter Tinte« die Worte Jesu auf. Damals lebt in ihm der Traum auf, nach Jerusalem zu gehen, um den Spuren Jesu möglichst leibhaftig nahe zu sein. In diesem Sinne spricht man vom Heiligen Land auch heute noch als vom »Fünften Evangelium«. Viele, die dorthin eine Pilgerfahrt und nicht nur eine Touristenreise gemacht haben, können bestätigen, daß ihnen Jesus und die biblische Botschaft auf eine neue Weise nahegekommen sind.

Doch schon vor seinem Jerusalemaufenthalt ist Christus Ignatius in starken inneren Berührungen nahegekommen, so sehr, daß er einmal sagte: Wenn es auch keine Schrift gäbe, die uns diese Glaubensgeheimnisse lehrte, so wäre er doch bereit, für sie zu sterben, allein aufgrund dessen, was er sah. Nicht für eine abstrakte Wahrheit würde Ignatius sterben wollen, sondern für den lebendigen Christus, der da ist »der wahre Weg, welcher die Menschen zum Leben führt«.

Diesem Herrn folgte Ignatius nach und mit ihm seine Gefährten. Die Zugehörigkeit zu Jesus schuf die Zusammengehörigkeit untereinander. Darum sollte die Ordensgemeinschaft auch den Namen Jesu tragen. Ignatius bemerkt dazu: »Wenn sie nicht Gesellschaft Jesu (Compagnia) heißen darf, dann nennt sie sich Kongregation oder Orden Jesu; aber den Namen Jesu darf sie nimmer aufgeben.«

Auf das Wort »Kompanie« kam es Ignatius nicht an, aber um Jesus und die Nähe zu Ihm ging es ihm unabdingbar. Seine Ordensgemeinschaft bezeichnete er immer wieder als »allergeringste Gesellschaft«. Er sah sich und die Seinen nicht als großartige, überragende geistliche Gruppierung an, sondern als Gefährten Jesu. – »Das also ist die Gesellschaft Jesu«, soll (so weiß es ein Jesuitenwitz) das Jesuskind gedacht haben, als es im Stall zwischen Ochs und Esel zum erstenmal die Augen öffnete.

Einer der Gefährten von Ignatius, Petrus Canisius, hat einmal aus dem Neuen Testament über 50 Namen und Titel für Jesus zusammengestellt. Er hätte noch weit mehr finden können. Über 100 Namen und Bilder und Titel gibt es: Jesus, König, Bruder, Freund, lebendiges Wasser, Wort, Sohn Davids, guter Hirt, Sohn des Zimmermanns, Lamm Gottes, lebendiger Stein, Weinstock, Messias, Alpha und Omega, Richter, Anführer des Glaubens, Erstgeborener von den Toten, Menschensohn, Fresser und Säufer, Rabbi, Weg, Wahrheit, Leben, Herr und Gott ... Diese Fülle von Namen zeigt die Vielfalt der Beziehungen, die Menschen zu Jesus gewonnen haben. Jeder Name zeigt eine andere Farbe der Beziehung zu Christus und hat eine eigene Geschichte zu erzählen. – Den Christus, der das »ein und alles« des Ignatius war, hat »Gott über alle erhöht und ihm den Namen verliehen, der größer ist als alle Namen, damit alle im Himmel, auf der Erde und unter der Erde, ihre

Knie beugen vor dem Namen Jesu und jeder Mund bekennt: Jesus Christus ist der Herr – zur Ehre Gottes des Vaters« (Phil 2,9–11).

Erkenntnis von innen her

Es gibt kaum etwas Beglückenderes im Leben als die Erfahrung, sich gegenseitig zu verstehen und sich verstanden zu fühlen. – Ich erinnere mich an ein seltsames Erlebnis vor Jahren auf der Piazza Navona in Rom. Ich kam mit einem mir völlig fremden Mann ins Gespräch, und er sagte mir von meinem Charakter, meinem Beruf, meinem Weg Dinge, die meine Aufgabe und mein innerstes Selbstverständnis berührten. Zum Beispiel: »Sie sitzen da, den ganzen Tag, und Menschen kommen zu Ihnen, und Sie hören ihnen zu; sie fühlen sich von Ihnen verstanden und gehen froh und getröstet wieder weg. – Warum nehmen Sie kein Geld dafür?« – Genauer konnte dieser Mann meine Aufgabe als Spiritual nicht beschreiben. Ich fühlte mich von innen her verstanden und spürte eine große Wärme und Dankbarkeit in mir aufsteigen.
Ignatius spricht immer wieder von einer solchen »innersten Erkenntnis«, einer »intima cognitio«, einer intimen Kennntis Jesu Christi. Die ganzen Exerzitien haben kein anderes Ziel, als immer mehr Christus von innen her zu erkennen. Darum betrachtet der Exerzitant immer wieder das Evangelium. Aufmerksam und in kleinen »Bissen« nimmt er es zu sich. Mit dem Wort »Bissen« ist ein Vergleich aufgenommen, den Ignatius für die Meditation gebraucht. In der zweiten Vorbemerkung zum Exerzitienbuch schreibt er: »Nicht das Vielwissen sättigt und befriedigt die Seele, sondern das Verspüren und Verkosten der Dinge von innen her« (EB 2).
Ich verstehe einen Menschen dann, wenn ich sein Wort nicht einfach »verschlucke«, sondern es aufnehme, kaue,

verkoste, assimiliere, mir zu eigen mache. Damit dieses Verstehen sich vertieft, empfiehlt Ignatius Wiederholungsbetrachtungen. Wiederholung schenkt Vertiefung.

Der Erkenntnis von innen her dient auch die Weise der »dramatischen« Betrachtung biblischer Szenen: Der Betrachtende fühlt sich gleichsam wie in einer Theaterrolle ganz in das biblische Geschehen ein – und sei es nur in der Nebenrolle eines »kleinen Knechtes« wie bei der Geburtsszene im Stall von Betlehem (vgl. EB 114).

Auch die »Experimente«, die Ignatius selber durchgemacht hat und die er andere durchleben läßt, sollen zum »Verständnis von innen her« helfen: Wenn er bettelnd auf Reisen geht, wenn er eine Herberge für die Nacht sucht, wenn er das Evangelium auf den Straßen verkündet, wenn er Kranke versorgt – dies alles sind für Ignatius Hilfen, die Wirklichkeit und Wahrheit des Evangeliums Jesu Christi mehr, »intimer« kennenzulernen.

Jeder Kranke, jeder Verliebte, jeder Arbeitslose wird sagen: Du kannst mich erst richtig verstehen, wenn du das selbst einmal erlebt, mitgemacht, durchgemacht hast. Sicher muß man nicht alles mitmachen, um einen Menschen verstehen zu können. Aber es ist wichtig, das innere Gespür, die Empathie – wie es in therapeutischen Berufen heißt – für den anderen zu entwickeln. Nur so ist wirkliches Helfen, ja überhaupt echte menschliche Beziehung möglich. Und dies meint Paulus, wenn er sagt, man solle mit den Weinenden weinen und mit den Lachenden lachen können (vgl. Röm 12,15). Die wichtige Konstitution des II. Vatikanums: »Die Kirche in der Welt von heute«, beginnt mit den Sätzen: »Freude und Hoffnung, Trauer und Angst der Menschen von heute, besonders der Armen und Bedrängten aller Art, sind auch Freude und Hoffnung, Trauer und Angst der Jünger Christi. Und es gibt nichts wahrhaft Menschliches, das nicht in ihren Herzen seinen Widerhall fände.«

Für Ignatius gilt, daß sein Mitempfinden mit anderen eng verbunden war mit einer wachsenden Selbsterkenntnis. Er suchte sich selber, seine inneren Regungen immer mehr wahrzunehmen und so auch vertieften Zugang zu anderen zu finden. Oft genügten Minuten, ein einziges Gespräch, so bezeugen seine Gefährten, daß er Wesentliches eines Menschen wahrnehmen und verstehen konnte. Ignatius hielt sich dabei selbst an die Regel, die er seinen Mitbrüdern gab: »*Ich* wäre langsam im Sprechen, würde beim Zuhören zu lernen suchen und bliebe dabei innerlich ruhig, um die Gedanken, Gefühle und Absichten der Sprecher aufzufassen.«

Jede Begegnung kann Einübung in die »innerliche Erkenntnis« sein: Was denkt das Gegenüber wirklich? Was fühlt der andere innerlich? Was will und sucht der Partner eigentlich? Es bedarf der ungeteilten Aufmerksamkeit und der Zeit, um zu erspüren: Was teilt mir der andere durch Worte mit? Was durch den Ton seiner Stimme? Was durch ein Zögern? Was mit einem Schweigen? Was in seiner Mimik, seiner Haltung, seinen Gesten? Oft sagt dies mehr als bloße Worte.

Ignatius war ein Herzenskenner. Er kannte die Herzen von Menschen und hatte die »innerliche Erkenntnis« Jesu Christi. So gesehen ist es nur natürlich, daß den Jesuiten die Verbreitung der Herz-Jesu-Frömmigkeit ein großes Anliegen war. In ihr geht es ja darum, die Liebe Gottes, wie sie sich in Jesus, in seinem Herzen, offenbart, von innen her zu erkennen.

Kampf

In einer Fabel werden Tiere gefragt, was das Leben für sie ist: Für die Ameise ist alles Arbeit, für den Schmetterling ist alles ein Spiel, und der Maulwurf brummt: »Das Leben? Es ist ein Kampf im Dunkeln.« – Diese Fabel will klarmachen, daß es sehr verschieden gefärbte Perspektiven gibt, aus denen man auf das Leben schauen kann. Zum ganzen

Leben aber gehören alle diese Sichtweisen. Das Leben ist Spiel, und es ist Kampf.

Auch das Leben aus dem Glauben hat viele Farben. Eine davon ist der Kampf. Ich erinnere mich an einen Exerzitienkurs für Theologiestudenten an einem schön gelegenen Ort. Herrliche, milde Herbsttage, in der Umgebung alte Bäume und Gewässer. Alles war dazu angetan, sich seelisch auf Ruhe hin einzustimmen – wenn dieser Ort nicht im Zentrum des Nato-Herbstmanövers »Atlantischer Löwe« gelegen hätte. Keine Umgebung für Besinnungs- und Exerzitientage? Für Ignatius schon. Er rechnet damit, daß es auf dem geistlichen Weg zu Situationen kommen kann, in denen die Seele einem Schlachtfeld gleicht, auf dem ein ungeheuerlicher Kampf tobt. Es ist der Kampf zwischen Christus, der zur Verkündigung des Evangeliums ruft, und zerstörerischen, verneinenden Kräften des Bösen.

Die ganze Heilige Schrift ist voller Zeugnisse von Kämpfen: nicht nur von kriegerischen Auseinandersetzungen und Brudermord, sondern auch vom Kampf Jakobs mit Gott, vom »steilen Weg«, vom Kampf Jesu um verhärtete Herzen und von seinem inneren Kampf am Ölberg: »Vater, wenn du willst, nimm diesen Kelch von mir! Aber nicht mein, sondern dein Wille soll geschehen« (Lk 22,42). Wie sehr dieser Kampf an den Lebensnerv geht, zeigt sich im Brief an die Hebräer: »Ihr habt im Kampf gegen die Sünde noch nicht bis aufs Blut Widerstand geleistet« (12,4). Eine zu dramatische Aussage? – Ich sehe das Bild eines verletzten Bauarbeiters im Krankenbett vor mir, der Alkoholiker war. Man mußte ihn mit Lederriemen festbinden, weil sein ganzer Leib ein einziger Kampf gegen die Entzugserscheinungen war. Dies mag eine Vorstellung vom Kampf zwischen Gesetz und Evangelium, zwischen Fleisch und Geist, zwischen altem und neuem Menschen in uns geben.

Bei diesem Kampf wird freilich nicht mit gleichen Waffen gekämpft. Die Waffen des »Feindes« sind Ichsucht, Ehrgeiz, Gehässigkeit, Eifersucht, Falschheit. Zur Waffenrüstung der Jünger Christi gehören Friede, Wahrheit, Freiheit (vgl. Eph 6,11–18).

Wenn Böses mit Bösem vergolten wird, dann hat der Feind gesiegt. »Das Böse durch das Gute besiegen« ist die christliche Devise (vgl. Röm 12,21). Die Methoden des Bösen übernehmen heißt, sich dem Gesetz der Zerstörung zu beugen.

Das Gesetz des Negativen, Lebenzerstörenden wird auch übernommen, wenn man zu genau und zu selbstherrlich zwischen Gut und Böse zu unterscheiden sucht. Das Evangelium warnt davor: Der Pharisäer, der den sündigen Zöllner verachtet, geht nicht gerechtfertigt nach Hause (vgl. Lk 18,9–14); die Jünger sollen wissen, daß man mit dem Unkraut leicht auch den Weizen ausreißt (vgl. Mt 13,29); vor allem sollen sie sehen, daß Gott »seine Sonne aufgehen läßt über Gerechten und Ungerechten und regnen läßt über Guten und Bösen ... Seid also vollkommen, wie euer Vater im Himmel vollkommen ist« (Mt 5,45.48).

Die alltägliche Gestalt des Kampfes besteht darin, Spannungen auszuhalten. Der Fanatismus, die starre Einteilung in Freund-Feind-Schemata, glasklare Unterscheidungen von Frommen und Nichtfrommen, fundamentalistische Eindeutigkeit in der Beurteilung von Richtig und Falsch – all dies sind Versuche, dem wirklichen, fruchtbaren Kampf zu entkommen bzw. sich statt dessen nur noch zu bekriegen.

Eine andere Fehlform des Kampfes ist der Krampf, d.h. der überspannte Versuch, alles aus eigenen Kräften vollbringen zu wollen. Bestimmte Formen von Askese, von eiserner Selbstbeherrschung sind mehr Krampf als Kampf. In ihnen spürt man nicht mehr das Vertrauen auf den »Vorkämpfer«, auf Christus, auf die Macht des Gottesgeistes im Menschen.

So wie man geistliches Bemühen mit Krampf verwechseln kann, so kann man geistliches Leben auch mit bloßer Stille und Ruhe verwechseln. Weil unsere Zeit, unsere Arbeit, unsere Politik, unsere Kultur so voller Kampf, Getriebe und Hektik ist, liegt es nahe, Exerzitien, Besinnungstage usw. nur als Zeiten des Aufatmens aufzusuchen. Man will zur Ruhe kommen. Das ist verständlich. Und man darf sich freuen, wenn dies geschieht. Aber, so schreibt Erich Przywara SJ in seinem Buch »Vom Himmelreich der Seele«, »Christentum und innerliches Leben *dürfen* nicht so etwas sein wie Rückzug oder Genesungsstimmung«, also bloße Gegenreaktion auf den Überstreß der Alltagswelt.

In der Spiritualität von Taizé wird in gesunder Weise beides zusammengesehen: »Kampf und Kontemplation« heißt dort ein geistliches Losungswort. Sanftmut und Starkmut, leises Warten und kämpferischer Wille brauchen einander nicht auszuschließen. – Ignatius, der kämpfen wollte, »ohne der Wunden zu achten«, sah Christus als den starken König, der die Welt für das Evangelium Gottes gewinnen will, und zugleich als sanften, bittenden Rufer. »Der Feind« sitzt auf einem »großmächtigen Thron aus Feuer und Rauch« (EB 140) und spornt an, »Netze und Ketten auszuwerfen« (EB 142). Christus dagegen »erwählt« und »sendet aus«, um das Evangelium zu verbreiten (EB 145). Sein Feldlager, so solle man sich vorstellen, liege in der Gegend von Jerusalem an einem »bescheidenen Platz, schön und liebenswürdig« (EB 144). Hier gerät die Geographie, die Beschreibung des Ortes, zur Kardiographie, zur Herzensbeschreibung Jesu. Diesen Herrn hat Angelus Silesius – wie Ignatius – vor Augen, wenn er im Jahr 1668 in dem Lied »Mir nach, spricht Christus, unser Held...« schreibt:

»So laßt uns denn dem lieben Herrn,
mit unserm Kreuz nachgehen
und wohlgemut, getrost und gern
mit ihm im Leiden stehen.
Wer nicht gekämpft, trägt auch die Kron
des ewgen Lebens nicht davon« (Gotteslob, Nr. 616).

Die Bücher, das Geld, die Armut und die Nächstenliebe scheinen bei Heiligen immer wieder eine Rolle gespielt zu haben: Franziskus verkaufte für eine arme Frau und ihre Tochter seine letzte Heilige Schrift; Dominikus, der Gründer eines Ordens von Gelehrten, verkaufte in einer Hungersnot seine dringend benötigten Studienbücher; und Ignatius versprach, nach den Studien seine Bücher wegzugeben, da er »in Armut predigen« wolle.

Warum will Ignatius »in Armut predigen«? Die entscheidende Antwort lautet schlicht: Er will arm sein, weil Jesus und die Jünger arm waren. Und er will auf dieselbe Weise arm sein wie sie.

Paulus faßt dieses Evangelium der Armut Jesu Christi mit den Worten zusammen: »Denn ihr kennt die Liebestat unseres Herrn Jesus Christus. Er, der reich war, wurde euretwegen arm, so daß ihr durch seine Armut reich wurdet« (2 Kor 8,9). – Durch Seine Armut reich – das ist die Grunderfahrung, die einen Jünger Christi die Armut lieben läßt. Christus hat am Reichtum der Herrlichkeit Gottes nicht »wie an einem Raub« festgehalten (vgl. Phil 2,6), sondern ist mit der Armut des Menschseins eins geworden.

In diesem Armsein Jesu spiegeln sich Armut und Reichtum, wie sie in Gott selbst sind, da ja sogar im dreifaltigen Geheimnis Gottes alles empfangen wird, um wieder hingeschenkt zu werden. Gott, der die Liebe ist, ist ewiges Schenken und Empfangen, Einheit von Armut und Reichtum, von Vater und Sohn im Heiligen Geist.

Auch der Mensch ist nur »gottesfähig«, empfänglich für Gott, indem er sich in seiner Armut offenhält für Gott und so sein Leben und Gott selbst empfängt. Darum kann und »muß« Jesus sagen: »Selig die Armen, denn ihrer ist das Himmelreich« (Mt 5,3).

Armut ist für Ignatius zutiefst Vertrauen auf Gott. Seine Bettelreisen waren für ihn eine ständige Einübung ins Vertrauen. Man könnte im Anschluß an eine Stelle im 1. Johannesbrief (4,20) sagen: »Wie könnt ihr Gott vertrauen, den ihr nicht seht, wenn ihr nicht versucht, den Menschen und dem Wirken Gottes in den Menschen immer neu zu vertrauen?!«

Ignatius liebt die Armut, weil er weiß, daß in ihr der Teufelskreis des Reichtums, der auf sich selbst versessen ist, durchbrochen wird:

»Die Sünde des Menschen ist es, der ›Reiche‹ ist es, der Gott daran hindert, sich zu schenken, den Schatz seines Lebens und seiner Liebe an alle zu verteilen, weil der ›Reiche‹ Gott zum Trotz, von dem er alles empfangen hat, und seinen Brüdern zum Trotz, denen er alles verdankt, alles nur für sich ergattern und behalten will und jegliche Gütergemeinschaft verhindert« (Peter-Hans Kolvenbach SJ).

Ignatius liebt die Armut, weil er in ihr auch eine Medizin für die Kirche seiner Tage sah. Für seine Zeit war es kennzeichnend, daß man davon sprach, »das Bistum ist soundso viele Dukaten wert«. Nicht selten dienten Bischofssitze der Versorgung spätgeborener Söhne des Adels. Ignatius dagegen wollte in Armut predigen und umsonst die Sakramente spenden, damit das Evangelium unverhüllter zu Tage treten könne...

Ignatius liebt die Armut, weil er in den Armen Christus, der menschgewordenen Liebe Gottes, begegnet: »Was ihr für einen meiner geringsten Brüder getan habt, das habt ihr mir getan!« (Mt 25,40).

Zu diesen Armen ging Jesus und solidarisierte, ja identifizierte sich mit ihnen. Ignatius verpflichtet die Seinen durch ein eigenes Gelübde, ihre seelsorglichen Dienste den »rudes«, d.h. den einfachen, den ungebildeten, den armen Menschen anzubieten. In ihren freien Zeiten sollen sie die Kranken pflegen und für Arme sorgen. Von dieser Sorge sagt der Generalobere der Jesuiten, P. Kolvenbach:

»Heutzutage kann man sich nicht liebend zu Gott bekehren, der sich im armen Herrn offenbart, ohne sich zur Liebe zu den Men-

*schen zu bekehren und dabei die dem Evangelium eigene Option
zugunsten der Armen zu treffen und sich damit den Forderungen der Gerechtigkeit zu verschreiben. Gerechtigkeit zu schaffen
gehört heute wesentlich zu der Liebe, die im Namen des Herrn
für alle gilt.«*

Wer der Armut des Menschen begegnet und sich in der
Armut des eigenen Herzens annehmen kann, wird auf
vielfache Weise selbst beschenkt. Eine Ahnung vom verborgenen Reichtum in der Armut bekommt jeder Mensch,
der sich nicht mehr verzweifelt nach außen hin als stark,
mächtig und überlegen präsentieren muß, sondern zuge-
ben kann, daß er zuinnerst arm ist. Mensch sein heißt –
auch – arm und bedürftig, »nichtig« sein. Wer diese Wahrheit zulassen kann, erfährt Erlösung und Befreiung.
Der wirklich Arme ist fähig, zu empfangen und zu geben.
Er ist empfänglicher für den Reichtum in allem. P. Pedro
Arrupe SJ erzählt von solch einer Sensibilität eines Man-
nes, die sich nach einer Meßfeier in einer Baracke in einem
Elendsviertel offenbarte:

*»Am Ende sagte mir ein großer Kerl, dessen wilder Blick Angst
einflößen konnte: ›Kommen Sie in mein Haus! Ich habe Ihnen
etwas zu geben.‹ Ich war unschlüssig, ob ich die Einladung annehmen sollte oder nicht. Doch der begleitende Pater sagte: ›Gehen Sie nur mit ihm! Das sind richtig gute Leute.‹ Ich ging in
sein ›Haus‹, eine halb zerfallene Hütte. Er ließ mich auf einen
wackligen Stuhl sitzen. Ich konnte von diesem Platz aus die sin-
kende Sonne sehen. Der Hüne sagte zu mir: ›Schauen Sie, wie
schön sie ist!‹ Wir schwiegen einige Minuten. Die Sonne ver-
schwand. Da begann der Mann wieder: ›Ich wußte nicht, wie ich
Ihnen für alles, was Sie für uns getan haben, danken sollte. Ich
kann Ihnen nichts geben. Aber ich dachte, dieser Sonnenunter-
gang würde Ihnen Freude machen. Sie hatten doch Freude, nicht
wahr? Guten Abend!‹ Dann gab er mir seine Hand«* (Pedro
Arrupe, Unser Zeugnis muß glaubwürdig sein. Ein Jesuit
zu den Problemen von Kirche und Welt am Ende des 20.
Jahrhunderts, Ostfildern 1981, S. 138–139).

Seit etwa 20 Jahren taucht in öffentlichen Diskussionen immer wieder der Begriff der »Sekundärtugenden« auf, sozusagen Tugenden zweiter Klasse. Ordnungssinn und Gehorsam gelten als solche Sekundärtugenden. Mit ihnen kann man – das beweist die Geschichte – Kriege führen und Konzentrationslager verwalten. »Befehl ist Befehl«, und »Ordnung muß sein« – auch bei der Erschießung Unschuldiger und den ordnungsgemäßen Vollzugsmeldungen.

Wenn Gehorsam so fragwürdige Seiten hat, was ist dann mit dem »kirchlichen Gehorsam«? Und wie steht es mit den »Söhnen des heiligen Ignatius«, den Jesuiten, die in besonderer Weise als »gehorsamsverdächtig« gelten? Was ist mit ihrem päpstlichen Gehorsamsgelübde? – Für Ignatius und seine Gefährten ist es klar, daß andere Orden sich durch Armut, Gelehrsamkeit usw. auszeichnen mögen – an Gehorsam wollten er und die Seinen sich von niemandem übertreffen lassen.

Freilich ist das ignatianische Gehorsamsverständnis viel weiter, viel fruchtbarer und befreiender(!) – auch für die heutige Zeit –, als das oft gebrauchte Wort vom »Kadavergehorsam« glauben macht. Daher ist es auch gar nicht verwunderlich, daß die Journalisten mit ihren Schlagzeilen immer wieder Schwierigkeiten haben und nicht wissen, ob sie von der »Elitetruppe des Papstes« oder von den »Rebellen des Papstes« schreiben sollen. Beides ist im ignatianischen Gehorsamsverständnis grundgelegt. Selten wird so deutlich wie gerade hier, daß ignatianische Spiritualität »elektrisierend« ist, d.h. zweipolig. Nur so kommt Fließen, Strömen, Leben zustande.

Was ist entscheidend für ein gesundes Gehorsamsverständnis? Zunächst einmal die Tatsache, daß es ein menschliches Zusammenleben ohne Gehorsam gar nicht gibt. Weder in einer partnerschaftlichen Zweierbeziehung, noch in Gruppen, noch in Großgesellschaften. Gehorsam ist die Fähigkeit, freiwillig Einfluß auf sich selbst zuzulassen. Demokratie, Mitbestimmung in der Wirtschaft, partnerschaftliche Zusammenarbeit geschieht, weil Menschen aufeinander hören und sich in ihren Entscheidungen, Plänen usw. vom Urteil, von den Entscheidungen, vom Wollen anderer mitbestimmen lassen. Kein Vertrag ist möglich, wenn die Partner sich nicht an die Abmachungen gebunden fühlen, auf die man sich gegenseitig verpflichtet hat.

Als zweites gilt, daß Gehorsam nur innerhalb bestimmter Rahmenbedingungen sinnvoll ist: Es darf kein Gehorsam geleistet werden, wenn dies gegen die Gebote Gottes, gegen das eigene Gewissen oder gegen die Konstitutionen des Ordens verstoßen würde.

Für das Gehorsamsverständnis des Ignatius sind vor allem drei Kennzeichen typisch: Gehorsam muß »extrem« gut vorbereitet, sinnorientiert und universal sein:

»Gehorsam ist eine Tugend der Oberen.« Diese paradox anmutende Formulierung will sagen: Eine Anweisung, für die Gehorsam gefordert wird, muß sehr genau und *gut vorbereitet* sein. Das beste Beispiel ist Ignatius selbst: Er erkundigte sich immer aufs genaueste über die entsprechende Situation, über die Möglichkeiten und Fähigkeiten seiner Mitbrüder, zog viele Berater hinzu, dachte die möglichen Alternativen durch und betete lange mit seinen Entscheidungen. Er versuchte sich selbst innerlich frei von Vorlieben, Vorurteilen und Ängsten zu halten, damit ein freies Befehlen einem freiwilligen Gehorchen begegnen konnte.

Eine Anweisung von Ignatius an alle Mitglieder der Gesellschaft Jesu »über die Weise, wie man mit einem Oberen verkehren und verhandeln soll«, offenbart viel über die Sorgfalt, die beim Befehlen und Gehorchen verwandt werden soll: Wenn man ein Anliegen vortragen will, solle man es reiflich überlegen, mit anderen besprechen, es nicht dekretierend vorbringen. Wenn dann entschieden sei, könne man nach einigen Stunden(!) nochmals auf die Sache zu sprechen kommen und die vorherige Entscheidung »am besten mit Stillschweigen« übergehen.

Ja, »sogar wenn die Sache ein- oder zweimal endgültig entschieden ist, kann man nach einem Monat oder später aufs neue vorbringen, was man fühlt oder denkt... Denn die Erfahrung lehrt mit der Zeit viele Dinge besser kennen, und diese ändern sich zum Teil auch im Lauf der Zeit.

Immer jedoch soll sich der Bittsteller nach dem Charakter und der jeweiligen Verfassung des Oberen richten, deutlich, klar und mit verständlicher Stimme reden und womöglich zu Zeiten kommen, die dem Oberen gelegen sind...« (GB 296).

Welch eine Zumutung an den, der eine Entscheidung fällt! Welch eine Ermutigung für den, der um eine Entscheidung ansucht! Dies ist Gehorsam im Sinn des Ignatius. – Das ist Ignatius. Für Ignatius muß Gehorsam nicht nur sorgfältig vorbereitet, sondern auch *sinnbezogen* sein. Es kommt nicht auf den Buchstaben an, sondern auf den Sinn. So tadelte Ignatius beispielsweise einmal einen Jesuiten wegen Ungehorsams, weil dieser – gehorsam war, d.h. er hatte genau das ausgeführt, was Ignatius ihm aufgetragen hatte. Als Erklärung für seinen Tadel sagte Ignatius, der Ausführende habe doch sehen müssen, daß vor Ort die Umstände anders waren und er infolgedessen auch anders hätte handeln müssen, um den eigentlichen Sinn des Auftrags zu erfüllen. Gehorsam verpflichtet zum Mitdenken!

Die vielleicht tiefste und fruchtbarste Seite des ignatianischen Gehorsamsverständnisses ist seine *Universalität*. Sie kommt in einem seiner Merksätze zum Ausdruck:

»Übe in allem blinden Gehorsam, gegen Große und Geringe, Vorgesetzte, Gleichgestellte und Untergebene. Bedenke, daß Du dies Christus gelobt hast.«

Spätestens bei dieser Formulierung – auch wenn sie das Wort »blind« benutzt – müßte klarwerden, daß ignatianisches Gehorchen nichts mit schlechter Unterwürfigkeit gegenüber »Befehlen von oben« zu tun hat. Das Gehorsamsverständnis von Ignatius ist universal: Er »hört, horcht« auf alle. Ignatianischer Gehorsam kann sich so weder bloß auf das eigene subjektive Gewissen, noch nur auf ein Papstwort, noch allein auf den Ruf der Basis, noch ausschließlich auf die Meinung Gleichgestellter und Gleichgesinnter berufen. Er steht mitten im Spannungsfeld zwischen Arm und Reich, zwischen Konservativ und Progressiv, zwischen »Links« und »Rechts«, zwischen Alt und Jung. So ist er ausgerichtet auf das Ganze und in diesem Sinn katholisch. Es ist nicht verwunderlich, daß über diesem spannungsreichen Merksatz des Ignatius ein Kreuzzeichen und der Satz steht: »Jesus meine Liebe ist gekreuzigt.«

Wille Gottes

Der Schluß eines Briefes ist oft ebenso nichtssagend wie vielsagend: »Mit freundlichen Grüßen«, »Hochachtungsvoll«, »die Firma dankt«, »alles Gute«, »in Liebe«, »mit einer herzlichen Umarmung«, »Gottes Segen und herzliche Glückwünsche«... Der häufigste und vielsagendste Briefschluß, den Ignatius verwendet, ist der Wunsch, Gottes Willen immer mehr erkennen und erfüllen zu können: »Ich schließe, indem ich die heiligste Dreifaltigkeit bei ihrer unendlichen Güte um die reichste Gnade bitte, damit wir ihren heiligsten Willen immer recht erkennen und ganz erfüllen.«
Der bekannte Heiligenbiograph Walter Nigg schreibt in seinem Buch »Geheimnis der Mönche« über Ignatius:

»Den Willen Gottes zu erkennen war das zentrale Problem seines Lebens... Immer geht es ihm darum, den Willen Gottes zu erforschen. Um dieses Ziel und um nichts anderes kreist er unablässig wie um einen Feuerherd. Darum kam auch das hinreißende Gefälle in seine Lebensführung. Ohne Betrachtung dieser An-

strengung bleibt Ignatius' weiteres Leben ein unverständliches Rätsel. Vor allem ist die Aufmerksamkeit darauf zu richten, wie Ignatius nie aus Eigenwilligkeit heraus handeln möchte, also nie das tun will, was ihm gerade jetzt behagt; er bemüht sich beständig, in Erfahrung zu bringen, was Gott in dieser Situation von ihm will... Sein beständiges Beten um Offenbarung des Gotteswillens ist überaus ergreifend zu verfolgen, und man wird förmlich in dieses Suchen mit hineinverschlungen. Ein erregenderes Ringen läßt sich nicht denken. In seinem ruhelosen Fragen nach dem Willen Gottes ist dieser Mensch zu belauschen, will man sein Herz erkennen.«

In der Suche nach dem Willen Gottes schließt sich das ganze Leben und die ganze Spiritualität des Ignatius zusammen: Gott in allem suchen und finden, Unterscheidung der Geister, Wahl, Gehorsam, Dienst, Sendung, Seeleneifer – all diese Worte kreisen um das eine Zentrum, Gottes Willen zu suchen.

»Was soll ich tun?« ist die große Leitfrage, die Ignatius durch Europa, nach Jerusalem, in die Spitäler und an die Universität, zum Papst, zur Gründung des Ordens und zur Errichtung von Institutionen im Dienst der Nächstenliebe führt.

Was zeigt die Suche des Ignatius nach dem Willen Gottes?

– Gott will nicht dieses und jenes, sondern »mich selbst«: Gott will den Menschen, Er schafft ihn, Er liebt ihn. Der Mensch selbst ist der »erste Wille Gottes«.

– Das ganze Leben des Menschen ist Antwort auf Gottes Ruf. »Nimm hin, o Herr, meine ganze Freiheit...«, mich selbst, lautet die Antwort von Ignatius.

– Ein Mensch kann von diesem Willen Gottes leben, so wie Jesus sagt: »Meine Speise ist es, den Willen dessen zu tun, der mich gesandt hat« (Joh 4,34).

– Der Wille Gottes läßt sich durch den Leitstrahl der inneren Freude, des Trostes finden. Darin liegt das Glück des Lebens. »Selig der Schoß, der dich getragen, und die Brust, die dich genährt hat!« ruft eine Frau im Blick auf Jesus. Er

gibt daraufhin als Quelle der Seligkeit an: »Selig, die das Wort Gottes hören und es befolgen« (Lk 11,27–28).
– Der Wille Gottes stiftet Gemeinschaft. »Deine Mutter und deine Brüder und Schwestern stehen draußen«, heißt es in einer biblischen Szene. Die Antwort Jesu: »Die den Willen Gottes tun, die sind mir Bruder und Schwester und Mutter« (Mk 3,34–35).
– Es kann eine skrupulöse, unerlöste Suche nach dem Willen Gottes geben. Ignatius hat sie in einer Weise erfahren, die ihn an den Rand der Verzweiflung trieb.
– Der Mensch kann über den Willen Gottes nicht besserwisserisch Bescheid gewinnen. Jeder Schritt bedeutet, sich neu dem Geist Gottes anzuvertrauen. Man kann fast sagen, daß der Weg eines jeden Menschen aus lauter Umwegen besteht: Für Ignatius brachten nicht nur die Kanonenkugel in Pamplona, die Ausweisung aus Jerusalem, die verschiedenen gescheiterten Versuche, Gefährten zu gewinnen usw., sondern jeder Tag ein neues »Spiel« des Suchens und Findens und Suchens...
Vielleicht ist der Wunsch, Gottes Willen erkennen und erfüllen zu können, am schönsten in einem Brief ausgedrückt, den Ignatius an seinen »teuersten Bruder im Herrn«, Franz Xaver, schreibt:

»Derjenige, der allen ewiges Leben ist, die in Wahrheit leben, wolle uns seine volle Gnade geben, damit wir seinen heiligsten Willen immer recht erkennen und vollkommen erfüllen!
Ganz der Ihre, für immer, in unserem Herrn. Ignatius.«

Wählen

Das ganze Leben besteht aus Entscheidungen: hierhin oder dorthin gehen, aufstehen oder noch liegenbleiben, die Hauptschule oder eine weiterführende Schule besuchen, diesen oder jenen Beruf wählen, sich für den einen oder

den anderen Menschen als Lebenspartner bzw. Lebens-
partnerin entscheiden – ja manchmal sich für oder gegen
das Leben überhaupt entscheiden. Oft ist es schwierig zu
entscheiden, zu wählen: »Wer die Wahl hat, hat die Qual«,
sagt der Volksmund.

Bei diesem Wählen will Ignatius helfen. Die ganzen Exerzitien können als eine Art Entscheidungshilfe angesehen
werden. Was sagt Ignatius Hilfreiches zum »Wählen«?

Als erste Hilfe ist eine ganze Reihe grundlegender Einsichten von Ignatius zu geistlichen Entscheidungsprozessen zu
nennen:

– Es geht zunächst einmal darum, glauben und erfahren
zu dürfen, daß Gott gewählt hat: Er hat sich für den Menschen, für mich und mein Leben entschieden. Dies ist die
göttliche Voraussetzung für alles eigene Wählen und Entscheiden.

– Dann erhebt sich die Frage nach der eigenen Grundentscheidung: In welche Richtung läuft mein Leben überhaupt? Spüre ich, daß ich in die Richtung Gottes leben
will? Wenn diese Grundrichtung nicht »stimmt«, dann ist
jeder Umkehrschritt so sinnlos, wie wenn jemand im falschen Zug sitzt und im Zug nach hinten, in die Gegenrichtung marschiert. Hier hilft nur jene Umkehr der Grundrichtung, vom Tod zum Leben, die der Gott schenkt, der
nach Jesu Wort ein »Gott der Lebenden und nicht der Toten« ist (Mk 12,27).

– Jedes Entscheiden hat zur Voraussetzung, daß der
Mensch frei ist bzw. immer freier wird. Ignatius spricht
hier von der »Indifferenz« bzw. der »Freiheit des Geistes«.
Alles Beten zielt darauf ab, immer freier von falschen Ängsten und unfreien Vorlieben zu werden.

– Der innere »Motor«, der Ignatius auf dem Weg zur Entscheidung hält, ist die Sehnsucht nach dem »je Besseren«.
Kennzeichnend für diese innere Dynamik ist sein Aus-
spruch: »Ihr dürft nur mit dem jeweils Besseren zufrieden
sein.«

– Jede Wahl ist für Ignatius mit der Entscheidung für oder

gegen das Evangelium Jesu Christi verbunden. Es geht für ihn darum, Christus nachzufolgen und Gottes Wahl zu wählen.

– Ignatius weiß um Fehlentscheidungen. Manche lassen sich rückgängig machen, manche nicht. Bei denen, die nicht rückgängig zu machen sind, ermutigt er, innerhalb des Rahmens der getroffenen Entscheidung »das Beste daraus zu machen«.

– Entscheidungen müssen ganzheitlich sein, d.h. Kopf und Herz, Gedanken und Gefühle dürfen und müssen beteiligt sein. Sicher gibt es Zeiten, Augenblicke, in denen eine unmittelbare und unbezweifelbare Gewißheit von Gott geschenkt wird, aber normalerweise muß der Mensch aufmerksam suchend, spürend, abwägend nach einer Entscheidung suchen.

Neben solchen mehr grundlegenden Einsichten gibt es eine ganze Reihe praktischer Ratschläge, die Ignatius für das Wählen gibt:

– Wenn man innerlich zerrissen ist, soll man eine Entscheidung zunächst einmal nicht ändern – wie es ja auch nicht sinnvoll ist, während eines Wirbelsturmes die Windrichtung und den endgültigen Segelkurs bestimmen zu wollen.

– Es kann helfen, innerlich »auf Distanz« zu gehen, d.h. sich die Frage zu stellen, wie man denn gerne aus der Sicht der eigenen Todesstunde entschieden haben möchte. Von hierher relativiert sich manches und ordnet sich ins Ganze, in die Grundrichtung des Lebens ein.

– Es gilt immer abzuprüfen, ob Einzelentscheidungen mit größeren und gewichtigeren Grundentscheidungen in Einklang stehen. Dies half Ignatius, aus einer seiner größten Lebenskrisen, der Skrupelphase, herauszukommen. Er spürte, daß dieses zerstörerische Geschehen ihn von der Grundausrichtung der Nachfolge abdrängen wollte.

– Es kann helfen, sich zu fragen, was man denn einem guten Freund raten würde, wenn dieser sich in derselben Situation befinden würde.

– Zumeist ist es hilfreich, Bekannte, Freunde oder gegebenenfalls Fachleute zu Rate zu ziehen.

– Es ist wichtig, nach verschiedenen Alternativen zu fragen und sich die Gründe für und gegen die verschiedenen Möglichkeiten aufzuschreiben und sie dann gegeneinander abzuwägen.

– Besonders hilfreich für die Entscheidungsfindung ist es, verschiedene Alternativen in der Phantasie ausführlich durchzuspielen und zu verspüren, welche Wirkungen die verschiedenen Möglichkeiten auslösen. Was auf Dauer mehr Frieden, Freiheit und ein »gutes Gefühl« gibt, spricht für die Stimmigkeit einer Entscheidung.

– Höchst bedeutsam ist bei Ignatius, daß er zwar durchaus Zeiten und Mittel kennt, eine Entscheidung direkt anzugehen, daß ihm aber noch wichtiger ist, sich innerlich auf Christus, auf die Liebe Gottes einzulassen und eine Entscheidung ruhen zu lassen. In einer Tiefe, die dem bewußten Zugriff des Menschen entzogen ist, überläßt der Glaubende Gott die Entscheidung und nimmt sie von dort entgegen.

– »Noch eine Nacht darüber schlafen« – auch dies ist ein Wort und eine Praxis von Ignatius. Und wenn die Entscheidung getroffen ist, dann wartet er oft noch eine Zeitlang ab und sucht nach einer weiteren inneren »Bestätigung«. Dann aber heißt es, vertrauensvoll die Sache ins Werk zu setzen und die entsprechenden Mittel dafür zu suchen.

Trotz so viel klugen geistlichen Entscheidens bewahrte sich Ignatius immer die geistige Freiheit, daß eine Sache anders laufen kann, als er es sich ausgedacht hatte. Er bewahrte sich eine innere Leichtigkeit, die gut mit dem Spruch zusammengehen kann: »Der Mensch denkt, und Gott lenkt. Der Mensch dachte – und Gott lachte.«

Manchmal können Esel klüger sein als angehende Heilige. Diesen Eindruck kann man bekommen, wenn man in der Autobiographie des Ignatius von dem Gespräch liest, das er im Dahinreiten mit einem zufälligen Weggefährten führte: Es ging um eine dogmatische Streitfrage. Das Gespräch scheint heftig geworden zu sein. Auf einmal ritt der Gesprächspartner eilends voraus, und Ignatius kam es vor, als hätte er seine Position nicht deutlich genug vertreten. Sollte er nun dem Enteilten nachreiten und ihm einige Dolchstiche versetzen, um so für die Ehre Mariens, die er geschmäht glaubte, einzutreten? Da er sich aber dann doch nicht sicher war, überließ er seinem Reittier die Entscheidung: Wenn es an der Wegkreuzung dem in Richtung Dorf Vorausgeeilten nicht nachtrottete, dann wollte er ihn entkommen lassen. Glücklicherweise nahm das Tier »nicht den Weg zum Dorf, obwohl die Ansiedlung kaum mehr als dreißig oder vierzig Schritt abseits lag und der Weg, der zu ihr hinführte, ziemlich breit und bequem war« (PB 16).

Ignatius erzählt diese Geschichte weder zur Erheiterung noch zum Erschrecken der Leser, sondern um etwas Wichtiges über den geistlichen Weg zu sagen. In dieser Schlüsselgeschichte zur Unterscheidung der Geister sind zwei Botschaften enthalten: zunächst die, wie »ganz blind« ein Mensch sein kann »trotz des großen Verlangens«, nur noch Gott zu dienen und alles »Ihm zu Gefallen und Ihm zur Freude zu machen« (PB 14). Es bedarf also wirklich der Unterscheidung der Geister, auch für die Frommen!

Die zweite Botschaft sagt, worauf es eigentlich ankommt: »Er hatte noch keinen Blick für innere Werte und verstand nicht, was Demut, Liebe, Geduld eigentlich seien. Und er kannte jenes Gespür für Gottes Willen noch nicht, das diese Tugenden zu lenken und ins rechte Maß zu bringen hat« (PB 14).

Vom Bild des Weges und von dem Wort »Gespür für Gottes Willen« her läßt sich Wesentliches über die Unterscheidung der Geister aussagen. Wenn ein Spaziergänger oder ein Jäger auf dem Boden eine Spur sieht, dann ist für ihn zweierlei interessant. Zum einen: Was ist das für eine Spur? Die eines Rehes, eines Kaninchens oder eines Wildschweines? Und zweitens: In welche Richtung führt diese Spur? Je nach Wunsch oder Befürchtung kann sich dann der Spurenleser verhalten, d.h. der Spur folgen oder die Gegenrichtung einschlagen.

Solch ein Geschehen gibt es auch im seelisch-geistlichen Leben und Erleben des Menschen: Die Begegnungen und Erlebnisse eines Tages hinterlassen in seiner Seele Eindrükke, Spuren. Für deren Klärung und Unterscheidung sind zwei Fragen wichtig: Was ist das für ein »Abdruck«? Fühle ich Angst oder Frieden oder etwas anderes? Und: Spüre ich darin eine gewisse Dynamik, eine Richtung, in die dieses seelische Geschehen führt? Bei dieser Fragestellung ist Unterscheidung notwendig.

Wenn man z.B. in sich die Spur der Angst feststellt, gilt es zu unterscheiden, in welche Richtung sie führt: Sie kann ins Gefängnis des eigenen Ich führen, aber auch auf andere hin öffnen. Die Angst hat die Jünger dazu geführt, sich im Abendmahlssaal zu verrammeln. Sie hat aber auch Petrus, der im Wasser zu versinken drohte, dazu geführt, auf Jesus zu schauen und ihm neu, tiefer zu begegnen.

Spürt man in sich Frieden, gilt es gleichermaßen zu unterscheiden: Frieden kann Menschen dazu führen, sich in sich selbst zu verschließen, oder er kann zu neuer Begegnung hinführen. Der Reiche, der seine zusätzliche Scheune gebaut hat und zu sich sagt: »So, liebe Seele, jetzt kannst du ruhig sein«, mauert sich in einer Scheinsicherheit, in einer Scheinruhe ein (vgl. Lk 12,16–21). Umgekehrt erhalten die verängstigten Jünger durch den Friedensgruß des Auferstandenen die innere Ruhe und Kraft, die Türen zu öffnen und als Zeugen für Christus sein Evangelium in der Welt zu verkünden.

Es kommt also nicht auf einzelne als unangenehm oder angenehm empfundene Eindrücke an, sondern auf deren Richtung. Ignatius nennt die Grundrichtung des Heiligen Geistes in der Geschichte mit dem Maultier »Demut, Liebe und Geduld«; in den »Regeln zur Unterscheidung der Geister«: »Glaube, Hoffnung, Liebe, Freude« (EB 316). Die Gegenrichtung des Ungeistes sind dementsprechend Mißtrauen, Hoffnungslosigkeit und Egoismus.

Die Unterscheidung der Geister ist keine ignatianische spirituelle Sonderlehre. Sie gründet in der Heiligen Schrift und hat eine lange Tradition in der Geschichte der Spiritualität.

Programmatisch hierfür ist die biblische Szene der Versuchung Jesu in der Wüste. Jesus und der Versucher zitieren die Heilige Schrift. Die Unterscheidung, ob das Wort im richtigen Sinn verwendet ist oder nicht, fällt nicht auf der Ebene der bloßen Worte, sondern des geistlichen Gespürs. Nur der innere Unterscheidungssinn läßt erkennen, ob das Schriftwort, daß Gottes Engel seine Diener vor dem Sturz bewahren, Einladung zu Vertrauen oder zu vermessenem Herausfordern Gottes ist. Es ist letztlich Gottes Geist selbst, der im Menschen die Unterscheidung trifft. So wie der Mensch nach dem Zeugnis von Paulus nicht allein von sich aus beten kann, sondern nur im Geist, so kann die Unterscheidung der Geister nur im demütigen Vertrauen auf den Heiligen Geist Gottes geschehen. Ohne dieses ist der Mensch in Gefahr, Kriege schnell für heilig zu erklären, für die dann das biblische Wort gilt: »Sie werden euch töten und glauben, damit Gott einen heiligen Dienst zu tun!« (Joh 16,2).

Wie Jesus werden auch seine Jünger in Situationen geführt, in denen sie unterscheiden müssen. Das erste Unterscheidungskriterium ist Christus selbst: »Prüft die Geister, ob sie aus Christus sind« (vgl. 1 Joh 4,1–3). Im Konkreten kann dies die Frage sein: Paßt das, was ich vor mir sehe, zu Christus oder nicht? Stimmt das, was ich tun will, mit der Urerfahrung der Gnade zusammen, die mir in der Begegnung mit dem gekreuzigten und auferstandenen Herrn geschenkt wurde?

Zu dieser Urerfahrung gehört die Liebe. Sie ist das entscheidende Kriterium für jede Unterscheidung. Prophetische Rede, sozialer Einsatz für Unterdrückte und Arme, Heilungsgeschehen, ja überhaupt alles bekommt seinen eigentlichen Wert erst durch die Liebe (vgl. 1 Kor 13). Die Liebe ist die erste Frucht des Geistes: »Die Frucht des Geistes aber ist Liebe, Freude, Friede, Langmut, Freundlichkeit, Güte, Treue, Sanftmut und Selbstbeherrschung« (Gal 5,22). Ganz anders die Früchte des Ungeistes: »Unzucht, Unsittlichkeit, ausschweifendes Leben, Götzendienst, Zauberei, Feindschaften, Streit, Eifersucht, Jähzorn, Eigennutz, Spaltungen, Parteiungen, Neid und Mißgunst, Trink- und Eßgelage und ähnliches mehr« (Gal 5,19–21). Die Sprache Jesu ist da schlicht: Von einem Dornstrauch werden doch nicht feine Weintrauben und von einem guten Baum keine schlechten Früchte kommen (vgl. Lk 6,44).

Freilich weiß das Evangelium, wie schwierig Unterscheidung ist: Es gibt die Versuchung zum Bösen unter der Gestalt eines Lichtengels (vgl. 2 Kor 11,14), und Jesus warnt vor den »Wölfen im Schafspelz« (vgl. Mt 7,15). Umgekehrt kann auch das Gute »unter dem Anschein des Bösen« verborgen sein. Nirgendwo wird dies so deutlich wie beim Kreuz Jesu. Das Kreuz ist schrecklich, abstoßend, schmerzreich, und doch kann es, wenn es im Geiste Christi gelebt wird, zum großen Unterscheidungszeichen werden, das die Wege Gottes weist: »Es gibt keine größere Liebe, als wenn einer sein Leben für seine Freunde hingibt!« (Joh 15,13).

Als Ignatius einmal eine Schau einer schönen, mit vielen Augen besetzten Schlange hatte, fing dieses innere Bild an zu verblassen, als er an einem Kreuz vorbeikam. Er nahm dies als Zeichen, daß er auf die schön schillernde Erscheinung nichts geben sollte, und verjagte sie verächtlich mit einer Stockbewegung. Die Unterscheidungsfrage, die sich daraus ergibt, heißt: Hält das, was ich vorhabe, auch dem Bild der gekreuzigten Liebe Gottes, Jesus Christus stand oder »verblaßt« es daneben? – Alles Unterscheiden im biblischen Sinne steht unter der universalen, paulinischen Losung: »Prüfet alles, das Gute behaltet!« (1 Thess 5,21).

Unterscheidung der Geister (II)

Ignatius wäre nicht Ignatius, wenn er für die Unterscheidung der Geister nur ein Verstehensmodell liefern würde. Er schafft auch einen Ort für die Einübung dieser Unterscheidung: die Gewissenserforschung. Sie ist eine Kultivierung der geistlichen Geschmacksnerven.

Das Bild vom Geschmack bzw. Nachgeschmack legt Ignatius selbst nahe, denn so begann seine eigene Erfahrung mit der Unterscheidung der Geister. Als er mit seiner schweren Knieverletzung auf dem Krankenlager lag, machte er eine entscheidende Entdeckung: Die Ritterromane, auf die er »versessen war«, wie er selbst schreibt (PB 5), begeisterten ihn nur während der Lektüre; danach aber »fand er sich wie ausgetrocknet und mißgestimmt« (PB 8). Wenn er dagegen die Heiligenlegenden in sich aufnahm und die Heilige Schrift, dann »blieb er zufrieden und froh, auch nachdem er von ihnen abgelassen hatte« (PB 8). Ignatius betont ausdrücklich: »Dies war die erste Überlegung, die er über die Dinge Gottes anstellte. Und als er später die Exerzitien verfaßte, begann er von hier aus Klarheit über die Lehre von der Verschiedenheit der Geister zu gewinnen« (PB 8).

Die *Gewissenserforschung* ist für Ignatius die Zeit und der Ort für den »Nachgeschmack« und für die Bildung des geistlichen Geschmackssinns. Es gilt, im eigenen Leben den Geschmack des Guten von dem des Bösen unterscheiden zu lernen. Ignatius gibt hierfür drei Schritte an: verspüren – erkennen – Stellung nehmen. Diese Grundschritte sind enthalten in den »Regeln, um auf irgendeine Weise die verschiedenen Bewegungen zu *verspüren* und zu *erkennen*, die in der Seele verursacht werden: die Guten, um sie *aufzunehmen*, die schlechten, um sie zu *verwerfen*« (EB 313).

Für Ignatius war diese Geschmacksbildung nicht nur eine geistliche Übung, für die er sich eigens Zeit nahm, sondern er übte sie ständig: bei jedem Gespräch, bei jeder Entscheidung. Er wußte, daß er sich dabei nicht auf das eigene Unterscheidungsvermögen allein verlassen mußte; denn er hatte erfahren, daß er zwar selbst blind gewesen war, daß aber Gottes Geist ihm half, immer klarer zu sehen: »In dieser Zeit behandelte ihn Gott auf die gleiche Weise, wie ein Schullehrer beim Unterricht ein Kind behandelt« (PB 27). – Es ist ermutigend, glauben zu dürfen, daß Gottes Geist selbst die Unterscheidung lehrt.

Auf seinem geistlichen Weg hat Ignatius eine Reihe von hilfreichen *Einsichten und Kriterien* gefunden, um die verschiedenen Bewegungen der Geister »einigermaßen« zu unterscheiden:

1. Mit den guten und den bösen Bewegungen ist es wie mit Rückenwind und Gegenwind: Wer in die Richtung Gottes segelt, bekommt vom Heiligen Geist Rückenwind und vom Bösen Gegenwind; wer in Richtung des Ungeistes segelt, bekommt von diesem Rückenwind, von Gottes Geist aber scharfen Gegenwind. Darum ist die Frage nach der Grundausrichtung des eigenen Lebens so bedeutsam (vgl. EB 314). Konkret gesagt: Wer viel Alkohol trinkt, wird von Mittrinkern kräftig ermutigt; wenn er aber »Nein, danke« sagt, wird er als Muttersöhnchen verlacht – umgekehrt wird er dann von den »Nüchternen« bestärkt.

2. In der Zeit der Trostlosigkeit, der Verwirrung, der Unsicherheit soll man eine Entscheidung, die man »bei gutem Wetter« getroffen hat, nicht einfach über Bord werfen, sondern warten, bis man wieder in Ruhe entscheiden kann (vgl. EB 318).

3. Geistliche Entscheidungsnöte haben den Sinn der Erprobung und sollen deutlich machen, daß es nicht in der eige-

nen Macht liegt, sich wirklichen geistlichen Trost zu verschaffen (vgl. EB 322).

4. Das Böse verhält sich wie ein Ehebrecher, der nicht entdeckt werden will (vgl. EB 325). Dies zeigt sich am deutlichsten darin, daß nicht selten schlimmste Versuchungen und Anfechtungen augenblicklich und oft auch auf Dauer verschwinden, sobald sie offen ausgesprochen werden (vgl. EB 326).

5. Den zerstörerischen, negativen Tendenzen gilt es mit Klarheit und Entschiedenheit entgegenzutreten (vgl. EB 325). Verhandeln und Feilschen ist gefährlich. Wenn man dem Teufel den kleinen Finger reicht, sagt der Volksmund, nimmt er die ganze Hand.

6. Besonders gefährlich ist die Versuchung zum Bösen unter dem Anschein des Guten. Überzogener Einsatz für andere kann zu innerem Ausgebranntsein führen, und Schritte auf dem Weg zur Selbsterkenntnis können zur ständigen, fruchtlosen Selbstanalyse abgleiten. Darum rät Ignatius, aufmerksam auf den Verlauf der Gedanken zu achten, ob wirklich Anfang, Mitte und Ende der inneren Tendenzen gut sind (vgl. EB 333).

So ist es gerade auch bei besonders starken inneren Berührungen durch den Geist Gottes wichtig zu unterscheiden, was zum eigentlichen, guten Kern gehört, und was sich nachher sozusagen bei geöffneter Herzenstür miteingeschlichen hat (vgl. EB 336).

7. Es kann eine Weise der geistlichen Selbstvergewisserung geben, die nur noch die eigenen Gefühle sucht bzw. den Schritt ins Vertrauen scheut. Sie weiß nicht, daß es geistlich jung erhält, immer wieder etwas zu tun, das »ein bißchen Angst macht«.

Im Sinne von einfachen Faustregeln und Unterscheidungsfragen läßt sich sagen:

Für die Herkunft vom Geist Gottes spricht, wenn ich ein »gutes Gefühl« bei einem Vorhaben habe, auch wenn es noch so schwierig und schmerzlich sein mag; wenn es »zu Jesus paßt«; wenn man sich in »guter Gesellschaft« von lauteren Menschen befindet; wenn Glauben, Hoffen und Lieben wachgerufen werden; wenn sich etwas gut in den Rahmen einer getroffenen guten Grundentscheidung einfügt u.ä.

Eher vom Ungeist kommt, was jemanden ständig überfordert und nur mit Gewalt zu verwirklichen ist; was maßlos und sensationell aufgemacht wirkt; was man nur mit dauerndem Widerwillen und Ekel tun kann; was kleinlich, spitzfindig und haarspalterisch wirkt; was keine Erdung und Konkretheit besitzt; was lieblos ist und sich destruktiv auswirkt; was den Sinn und die Freude an Gebet und Stille raubt; was nicht zur Gesinnung und Handlungsweise Jesu paßt.

Es ließen sich noch manche Hinweise und Unterscheidungsregeln im Sinne von Ignatius aufführen. Aber all dies ersetzt nicht den eigenen Weg, die Kultivierung des eigenen geistlichen Geschmacksvermögens und die Eigenerfahrung. Ignatius selbst spricht von der »erkannten und festgehaltenen Erfahrung« (EB 334), die uns auf den Wegen Gottes gehen hilft. Es ist ein Geschenk, daß er seine eigenen Erfahrungen für andere festgehalten hat.

Mehr

Das Wörtchen »mehr«, lateinisch »magis«, hat im ignatianischen Wortschatz sozusagen eine »magische« Bedeutung. Oft gebraucht es Ignatius, wenn er in der Steigerungsform spricht: »zur größeren Ehre Gottes«, »sich gegenseitig mehr helfen und nützen« usw.

Einmal fragte mich jemand: »Es beschäftigt mich schon so lange, aber ich weiß nicht, was das ›magis‹ bei Ignatius eigentlich bedeutet.« Ich reagierte: »Sie halten die Antwort in Ihrer Hand!« Die Fragende hielt erstaunt inne und schaute auf eine mitgebrachte Bildkarte in ihrer Hand, auf der das Quellgebiet eines Flusses zu sehen war. – Ja, dies ist die Antwort! Dies ist der Sinn des ignatianischen »mehr«: Die Liebe ist kein stehendes Gewässer, kein Tümpel, keine Zisterne, die leergepumpt wird. Die Liebe läuft nicht aus, sondern sie läuft über. Liebe ist Quellwasser, das sich aus den unerschöpflichen Grundwassern von Himmel und Erde nährt.

Teresa von Avila drückt dasselbe einmal sehr plastisch aus: Man müsse täglich in den Tugenden zu wachsen suchen, sonst »werdet ihr immer Zwerge bleiben. Ja, Gott gebe, daß dann das Wachsen nimmer stockt; denn ihr wißt doch: Wer nicht wächst, schrumpft ein. Ich halte es für unmöglich, daß die Liebe sich damit begnügt, ständig auf der Stelle zu treten.«

Liebe kann auch nicht »beglichen« werden wie finanzielle Schulden. Sie kann nicht sagen: »Jetzt habe ich dich genug geliebt. Wir sind quitt. – Jetzt reicht's mir mit dem Lieben. Genug jetzt!« Das ist eine andere Sprache als die der Liebe!

Wie alles, so ist auch das »mehr« mißverständlich und gefährlich. Es kann zu einer ständigen Überforderung der anderen Menschen und des eigenen Lebens werden. Der Spruch: »Das Bessere ist der Feind des Guten«, kann einen Menschen fertigmachen: »Ich fühlte mich durch dieses Wort zu geistlichen und menschlichen Höchstleistungen herausgefordert und im Grunde immer überfordert.« – Am Fiebrigen, Zwanghaften dieser Art von »mehr« und an ihrer Frucht, der Unzufriedenheit, zeigt sich, daß hier ein Ungeist unter der frommen Verkleidung des Vollkommenheitsstrebens am Werk ist.

Es gibt auch eine »weltliche« Variante des unerlösten »mehr«, die nicht mehr die »Grenzen des Wachstums« achtet: Ein zunächst gesundes Leistungsdenken kann in schlichte Selbstüberforderung und Ellbogenmentalität ausarten.

Gegenüber den verschiedenen Wachstumsgötzen gilt es, den wahren, göttlichen Grund für das »mehr« zu sehen. Es ist der »je größere Gott« (Erich Przywara SJ) und der antwortende »je größere Mensch«, von dem Blaise Pascal einmal sagt: »Der Mensch überschreitet unendlich den Menschen.«

Der Mensch spiegelt zeichenhaft in seinem Wachsen die unfaßbare Größe Gottes. Für Anselm von Canterbury ist *Er* der, »über den hinaus nichts Größeres gedacht werden kann«. Bischof Hemmerle bringt diese Gottesvorstellung Anselms und das »mehr« des heiligen Ignatius in Verbindung:

> *Wohl kein anderer Gedanke der Philosophiegeschichte hat so viele Folgen gezeitigt wie der Gedanke des Vaters der Scholastik. Und das magis des heiligen Ignatius ist sozusagen der praktische, für den menschlichen Vollzug maßgebende Widerhall dieses Gedankens.«*

Dienst

»Ich war nicht eingeschlafen während der Meditation; aber ich befand mich in einem irgendwie anderen Bewußtseinszustand. Plötzlich sah ich einen rindelosen, nackten Baumstamm und dachte: Der kann nicht wieder einwurzeln und wachsen. Und es kam mir der Gedanke: Er wird zersägt, man macht aus ihm etwas anderes. Und dann war das Wort ganz gegenwärtig: ›Alles, was dient, lebt.‹« – Eine in ihrer Klarheit, Anschaulichkeit und Kraft überraschende Aussage: »Alles, was dient, lebt.« Dienen heißt leben.

Sicher ist der Baum, denkt man an seine grünen Blätter und seine Früchte, tot. Aber wenn man an das Holz denkt, das wärmt, an die Balken, die ein Haus wohnlich machen, an die Wiege, in der ein Kind schläft – ist der Baum dann einfach tot? Ist nicht alles, was »dienlich« ist, was »dient zu...«, lebendig?

Im Blick auf Ignatius kann man sagen, daß das Dienen sein Leben ausgemacht hat und Leben für ihn Dienen bedeutet hat. In diesem Sinn spricht man auch von einer ignatianischen »Mystik des Dienstes«. Ein frühes Zeugnis dafür ist eine kleine Stelle in seiner Autobiographie:

»*Seine Zeit verbrachte er so teils mit Schreiben, teils mit Beten. Und den größten Trost empfing er, wenn er den Himmel und die Sterne betrachtete, was er sehr häufig und jeweils lange Zeit hindurch tat. Denn dabei fühlte er in sich eine ganz große Begeisterung, unserem Herrn zu dienen*« (PB 11).

Es ist nicht ungewöhnlich, daß Menschen beim Anblick des Sternenhimmels eine tiefe religiöse Erfahrung machen oder sie Ehrfurcht, Staunen oder auch Erschaudern überkommt angesichts des Geheimnisses unvorstellbar großer Räume:

»*Seh' ich den Himmel, das Werk deiner Finger,*
Mond und Sterne, die du befestigt:
Was ist der Mensch, daß du an ihn denkst,
des Menschen Kind, daß du dich seiner annimmst?« (Ps 8,4f).

Für solches Staunen und Fragen gibt es viele Zeugnisse. Doch es dürfte nur wenige geben, in denen sich der Anblick des Himmels mit der Sehnsucht zu dienen verbindet. Dies ist »typisch« Ignatius; es kennzeichnet seine spirituelle Grundgestimmtheit und Ausrichtung.

So klein und zum Dienen hingezogen kommt er sich nicht nur beim Anblick des unendlich Großen vor, sondern auch im Blick auf das ganz Kleine, im Blick auf ein Kind: im Blick auf *das* Kind, auf den neugeborenen Jesus. Er lädt den Betenden ein, sich zu einem kleinen Knecht zu machen, der auf »unsere Herrin und Josef und die Magd und das Jesuskind« schaut, »sie betrachtet und in ihren Nöten dient, ganz so, als wäre ich gegenwärtig, mit der größtmöglichen Ergebenheit und Ehrfurcht« (EB 114).

Obwohl nur eine Nebenszene, so kommt hier doch das Zentrum ignatianischer Spiritualität zum Ausdruck. Nach der Aussage des »Prinzip und Fundamentes« der Exerzitien erfüllt sich der Sinn menschlichen Daseins darin, »Gott

Unseren Herrn zu loben, Ihm Ehrfurcht zu erweisen und zu *dienen*« (EB 23). In diesem Dienen liegt das entscheidende Echtheitskriterium für alles. Selbst dann, wenn Ignatius anregt, darum zu bitten, »mit dem armen Christus Armut, ... mit dem schmacherfüllten Christus Schmach« zu erwählen, so gilt auch dafür noch: »wofern nur dabei der *Dienst* und das Lob Seiner göttlichen Majestät gleich oder größer ist« (EB 168). Sogar die für herkömmliche christliche Spiritualität so unverdächtige Armut, die Jesus selbst seligpreist, wird nicht einfach absolutgesetzt, sondern »in Dienst genommen«, vor möglicherweise eigensüchtigen, egoistischen, verkehrten, d.h. perversen Strebungen geschützt.

Ignatius hat im Dienen seine Lebenserfüllung gefunden. Dies war sein Zugang zum Leben: Alles, was dient, lebt. Und es gilt wohl auch umgekehrt: Alles, was lebt, dient.

Ignatius, der sehr wohl von Ehre und gutem Ruf etwas verstand, hat sich durch sein Dienen nie entwürdigt gefühlt. Er wußte, welchem Herrn er diente. Dem, der das Schema Herr–Knecht liebend »unterlief«: Jesus. In zwei gegensätzlichen und doch nicht widersprüchlichen Gleichnissen wird dies deutlich: Jesus spricht von den Knechten, die am Abend nach der Feldarbeit ihren Herrn bedienen und dabei »nur ihre Pflicht tun« (vgl. Lk 17,10), und von dem Herrn, der nach seiner Heimkehr seine Knechte bedient (vgl. Lk 12,37).

Auch dies gehört zur Diensterfahrung der Jünger Jesu: sich bedienen zu lassen. Petrus muß sich von Jesus, seinem Herrn und Meister die Füße waschen lassen. »Sonst hast du keine Gemeinschaft mit mir!« (Joh 13,8).

Ignatius, der Gott und den Menschen dienen möchte, ist davon durchdrungen, daß Gott selbst ein dienender und »arbeitender« Gott ist. Dies zeigt sich ihm im Blick auf Jesus, der sich »bei Tag und bei Nacht abmüht« (EB 93).

Dienst heißt aber nicht nur, sich abzumühen, zuzupacken, zu säen und zu ernten. Dienst kann auch Warten bedeuten. Es gibt einen kontemplativen Dienst. Der englische

Dichter John Milton (1608–1674) schreibt am Ende eines seiner Werke einen Abschnitt mit der Überschrift: »On his blindness« (»Über seine Blindheit«). Milton, selber blind, schließt mit dem Satz: »They also serve who only stand and wait. – Auch die dienen, die nur dastehen und warten.« Auch die Kranken, auch die Stillen, auch die »Nutzlosen«, auch die, die »zu nichts dienen«, können dienen. – Pedro Arrupe SJ, ehemaliger Ordensoberer der Jesuiten, faßte diese Erfahrung einmal in das Wort: »Die eigentliche Bedeutung des Dienens erfassen wir erst, wenn wir beginnen, unsere Ohnmacht zu leben.« *Gelebte* Ohnmacht ist Dienst.

Ohnmacht wird wohl am ausdrücklichsten im Sterben erfahren. Auch das Sterben sieht Ignatius als eine Möglichkeit zu dienen, hilfreich füreinander dazusein:

»Wie im ganzen Leben, so soll auch und noch viel mehr im Tod ein jeder aus der Gesellschaft sich bemühen und Sorge tragen, daß Gott unserem Herrn in ihm Ehre und Dienst erwiesen ... werden« (Konst. 595).

Es ist bezeichnend, daß die Mitbrüder Ignatius ohne den von ihm erbetenen päpstlichen Segen sterben ließen. Warum? Einmal, weil sie wohl seinen Zustand nicht ernst genug einschätzten, und vor allem, weil der Sekretär noch einige wichtige, liegengebliebene Dinge glaubte zuvor erledigen zu müssen. – Ob es den »Dienstmann Gottes« sehr getroffen hat? Vielleicht ein wenig. Aber dies war wohl überstrahlt von der Einladung seines Herrn: »Du guter und getreuer Knecht, geh ein in die Freude deines Herrn!«

Eifer

Die verschiedenen biblischen Texte, die im Meßbuch am 31. Juli zur Feier des Ignatius-Festes zur Auswahl angeboten werden, sind »heiße« Texte. Von Feuer ist die Rede, von Entscheidung auf Leben und Tod, von Jähzorn und Liebe. Eine der Lesungen stellt mit Elija die Gestalt eines feurigen Propheten vor Augen: »Mit leidenschaftlichem Eifer bin ich für den Herrn, den Gott der Heere eingetreten!« (1 Kön 19,14).

Die Texte sind treffend gewählt. Sie lassen eine innere Bewegung erkennen, die das Herz, den Charakter und das Leben des Ignatius kennzeichnen: die Bewegung des Eifers. Sichtbar wird dieser, wenn Ignatius zielstrebig seine Karriere am Hof verfolgt; wenn er sich in der Menge mit dem Degen einen Weg zu bahnen versucht; wenn er in »blindem Eifer«, im »Bußeifer«, möglichst alle Heiligen übertreffen will...

Sichtbar wird sein Eifer, später geläutert, aber auch im »Seeleneifer« und »Gotteseifer«: wenn er darauf brennt, Christus und die Gottesliebe den Menschen zu bringen; wenn er, selbst pilgernder Bettler, sein letztes Geld herschenkt und in der Pflege von Pestkranken sein Leben riskiert; wenn er »Gott in allem« sucht.

Es ist in gewissem Sinn kein Zufall, daß Martin Luther, der auf seine Weise ein feuriger, eifriger Mensch war, in seiner Bibelübersetzung erstmals das Wort »Eifer« – in Übersetzung des lateinischen »zelus« – prägte. Es hat bei ihm bezeichnenderweise die Bedeutung von »freundlichem Neid, lieblichem Zorn«. Daraus sei, so die Auskunft des Lexikons, der »heutige Sinn ›heftiges Bemühen um eine gute Sache‹ geworden«.

Eifer gibt es dort, wo jemand leidenschaftlich, »heftig« liebt und lebt. Eifer verträgt sich nicht mit Halbherzigkeit. Der Eifer sieht sich vor die Alternative »ganz oder gar nicht« gestellt; er wählt etwas »ganz« oder lieber etwas »gar nicht« als eine halbe Sache. »Wärest du doch kalt oder heiß! Weil du aber lau bist, weder heiß noch kalt, will ich dich aus meinem Mund ausspeien« (Offb 3,15–16). Dies klingt verständlich für den »Eifrigen«. Laschheit, Lauheit, Bequemlichkeit, ein »Leben auf Sparflamme« sind für ihn keine Lebensmöglichkeit oder ein Greuel. In ihm brennt, wenn er von der Liebe gedrängt ist – »die Liebe Christi drängt uns« (2 Kor 5,14) –, das gleiche Feuer des Heiligen Geistes, das in Jesus brannte: »Ich bin gekommen, um Feuer auf die Erde zu werfen. Wie froh wäre ich, wenn es schon brennen würde!« Auch dieses Wort stammt aus einer der Lesungen zum Ignatius-Fest (Lk 12,49–53).

Wie gefährlich dieser Eifer ist und wie sich der Eifer Jesu von manchen »Aufwallungen« des Feuereifers seiner Jünger unterscheidet, zeigt eine biblische Szene. Die Jünger fragen nach vergeblicher Quartiersuche bei den Samaritern, ob sie zur Strafe Feuer und Schwefel herabregnen lassen sollten. Die Reaktion Jesu ist ebenso kurz wie deutlich: Er »wies sie zurecht«. In manchen Texten ist noch überliefert: »Ihr seid von Sinnen. Ihr wißt nicht, was ihr redet« (Lk 9,54–55).

Der »Feuereifer« im Leben von einzelnen und von Gemeinschaften kann etwas Fanatisches, Zerstörerisches, ja Diabolisches an sich haben, wie die Kirchen- und Weltgeschichte mit ihren »gerechten« und »heiligen Kriegen« zeigen.

Die Bekehrung der »Gotteseifrigen und Menscheneifrigen«, der Saulusnaturen, die »wutschnaubend« andere verfolgen (Apg 26,11) und »glauben, damit Gott einen heiligen Dienst zu tun« (Joh 16,2), hat eine lange Geschichte inneren Wachsens. Jeder Eiferer, der nicht ein »Geiferer« sein will, muß auf seine Weise die Lektion des Elija in der Wüste lernen: »Nach dem Sturm kam ein Erdbeben. Doch der Herr war nicht im Erdbeben. Nach dem Beben kam ein Feuer. Doch der Herr war nicht im Feuer. Nach dem Feuer kam ein sanftes, leises Säuseln« – im Säuseln war der Herr (1 Kön 19,11–12). – Gott ist »stilles Feuer«. Er ist, wie bei Mose, im Dornbusch des Herzens, der brennt und doch nicht verbrennt.

Den Seelen helfen

Von »Priestermangel«, von »Verdunstung des Glaubens«, von »Ausdünnung«, von steigenden Kirchenaustritten ist die Rede im Blick auf die pastorale, die seelsorgliche Situation in Deutschland und vielen anderen Ländern. Zu Lebzeiten von Ignatius bewegte die Reformation die Gemüter. Was heutzutage christliche Mission oft unglaubwürdig erscheinen läßt, hat damals seinen Anfang genommen: die Kirchenspaltung.

Wie hat Ignatius in dieser Zeit seelsorgerisch gewirkt? Gehen von dorther auch Impulse für eine heutige Seelsorge im ignatianischen Sinn aus? Es gibt einen zentralen Text von Jeronimo Nadal, in dem er, der mit der ersten Jesuitengeneration lebte und arbeitete, das »Seelsorgskonzept« der ersten Gefährten zusammenfaßt:

»Einmütig beschlossen sie, sich nun voll und ganz dem zu widmen, was sie so sehr ersehnt hatten, und uneingeschränkt alles dafür einzusetzen, mit der Kraft ihres Herzens den Seelen zu helfen. Das wollten sie in Predigten tun, in Vorlesungen über die Heilige Schrift, in geistlichen Gesprächen, in Exerzitien, durch Unterweisung der Kinder und Ungebildeten, durch Krankenbesuche, in Hilfeleistungen und durch die Versöhnung von Zerstrittenen und Feinden. Sie sollten Sorge tragen, daß Unsitten abgeschafft würden, und Werke der Barmherzigkeit im öffentlichen wie im privaten Bereich anregen. Sie nahmen sich vor, Gefangene zu besuchen und ihnen in passender Weise zu helfen. In Werken der Barmherzigkeit wollten sie den Nächsten helfen, in erster Linie in den geistlichen, dann aber auch in den leiblichen. Insbesondere wollten sie darauf hinarbeiten, daß das Sakrament der Buße und die hl. Kommunion häufiger empfangen, das Gebet und die guten Werke gepflegt würden. Dafür sollten sie weder ein Stipendium noch Almosen annehmen, die zu diesen Tätigkeiten in Beziehung gesetzt werden könnten. Nichts von dem wollten sie tun ohne ordentliche Erlaubnis der Ortsordinarien.«

Was hier Nadal alles nennt, ist nicht ein bloßes »brain-stor-ming«, eine Gedankensammlung, sondern ein pastorales Konzept der »preti riformati«, der »reformierten Priester«, wie die Gefährten von Ignatius immer wieder genannt wurden. Wenige Zeilen, die nicht nur eine Aufzählung sind, sondern die zählen und sich auch »ausgezahlt« haben. Was ist an diesem pastoralen Grunddokument so bedeutsam und hervorhebenswert?

Seelsorge erwächst aus der ganzen Sehnsucht des Herzens. Ignatius und seine Gefährten konnten sich nichts Sinnvolleres, nichts Schöneres vorstellen, als mit ihrem ganzen Herzen und ihrer ganzen Kraft für andere dazusein.

Eines der schönsten Zeugnisse für den Willen zu einer solchen Seelsorge »aus ganzem Herzen und mit allen Kräften« findet sich bei dem Jesuiten Friedrich Spee, der durch sein mutiges Eintreten gegen den Hexenwahn seiner Zeit zu einem leuchtenden Beispiel christlicher Sorge für den Menschen wurde. Er schreibt an einen ihm bekannten Edelmann:

»Nun wolan in aller ehrerbietigkeit ruffe ich an zu meinem zeugen unsern gekreuzigten und für uns gestorbenen heiland Christum JESUM ein erforscher aller hertzen und nieren, den zukünftigen Richter der lebendigen und der todten, das ich warhaftig anders nichts auff dieser Welt gesucht, als allein ihrer seelen seeligkeit. Dieselbe dan auch weiter zu suchen ich hinfüro nimmermehr so viel mir immer möglich ist, wil unterlassen. Ja bin ich auch von grund meines hertzens also gesinnet, das so Euer Gnaden zu solchem end endtweder gesund oder kranck meiner bedürftig sein solte, mir gewiußlich (da ich gleich von wegn der Schulen des tags nit abkommen könte) keine nacht so tunckel seyn, kein wetter so ungestüm, kein regen so groß, keine kälte so bitter sein würde, das ich nit bereit und mit freudigkeit meines gemüths fertig seyn wollte auff händ und füßen, des abendshin und des morgens wiederumb zurück zu kriechen, wan ich anders meinem heiland und schöpfer die seel wüste zu gewinnen und Euer Gnaden von der irrwege wiederumb zur rechten weid und

schaffstall Christi zurückführen« (Joachim-Friedrich Ritter, Friedrich von Spee (1591–1635). Ein Edelmann, Mahner und Dichter, Trier 1977, S. 157).

Seelsorge heißt auch leibliche Sorge für den Nächsten; Seelsorge ist ganzheitlich! Dies ist Evangelium »reinsten Wassers« und »traditionelles« Christentum im besten Sinn: Werke der geistlichen und der leiblichen Barmherzigkeit tun – tun, nicht nur davon reden. Die »reformierten Priester« des Ignatius gingen in Gefängnisse, wuschen die verschmutzten und vereiterten Kranken in den Spitälern, bettelten für andere um Geld, setzten sich ein, daß Armenhäuser, Krankenhäuser, Häuser für Prostituierte geschaffen wurden. Ebenso engagierten sie sich dafür, daß »öffentliche« Institutionen für Benachteiligte geschaffen wurden: Ignatius, selbst ein Bettler, sorgte in seiner Heimat dafür, daß öffentliche Maßnahmen getroffen wurden, die das Betteln überflüssig machten.

Seelsorge heißt, eine breite Palette von seelsorglichen Möglichkeiten zu nutzen: Sicher sah Ignatius die Exerzitien als wichtigstes, kostbarstes und »ignatianischstes« Hilfsmittel für Seelsorge an, aber nicht als das einzige.

Seelsorge ist auf alle Bevölkerungsschichten ausgerichtet, auf Arme und Reiche, Angesehene und Randgruppen. Niemand wird ausgeschlossen.

Seelsorge ist nicht abhängig von der »großen Zahl«. Als ein leiblicher Bruder von Ignatius diesen von der Seelsorge auf öffentlichen Plätzen in seinem Heimatort abhalten will, mit der Begründung, es kämen ja doch keine Zuhörer, antwortet Ignatius, ihm würde schon ein einziger Zuhörer reichen. Und als man ihm die Erfolglosigkeit der Sorge für Prostituierte vor Augen hielt, meinte er, es würde ihm schon reichen, wenn er jemanden für einige Stunden von seiner unerlösten Lebensweise abhalten könne. Im Sinne des Evangeliums ist es kein Wunder, daß dem, der ein solches Herz für den einzelnen und seinen Wert hatte, »die vielen« zuliefen.

Seelsorge darf nicht »nach Geld riechen«. Dieser Grundsatz gehört vielleicht zu den kirchenkritischsten Gesten der ignatianischen Seelsorge. In einer Zeit, in der Seelsorge und Geld allzuoft unheilvoll miteinander verknotet waren, half Ignatius, der – wie er sagte – »in Armut predigen« wollte, daß Seelsorge an Glaubwürdigkeit gewann.

Seelsorge geschieht im Raum der Kirche: Ignatius hat sich immer wieder darum bemüht, daß »die Kirche«, die Bischöfe, seine Seelsorge als rechtgläubig und kirchlich anerkannten. Besonders deutlich wird dies in seinen Hinweisen zum »Denken und Fühlen mit der Kirche«.

Seelsorge im ignatianischen Stil hat immer auch den Mut, ungebahnte Wege zu gehen: geistliches Gespräch in kleinen Gruppen, Zusammenarbeit mit Laien in der Seelsorge – wie etwa in der Exerzitienarbeit –, intensiver Umgang mit der Heiligen Schrift...

Seelsorge weiß, daß es »um etwas geht«, ja um alles: um Heil und Unheil, um Sinn und Sinnlosigkeit, um Gottesnähe und Gottesferne, um Menschsein und Unmenschlichkeit. Franz Xaver, der bekannte Jesuiten-Missionar, war bis ins Innerste durchdrungen vom Wunsch, den Seelen zu helfen. In einem Brief aus dem Fernen Osten schrieb er, er möchte am liebsten an die europäischen Universitäten gehen und dort wie ein Mensch, der »den Verstand verloren hat, hinausschreien: Bemüht euch doch um die Menschen und deren Geschick ebenso wie um eure Wissenschaft, die ihr so eifrig studiert!«

Ignatianischer Spiritualität geht es um den Menschen. Für Ignatius gibt es nur die eine »Doppelsehnsucht«, die sein ganzes Leben bewegt: Gott zu gefallen und den Menschen zu ihrer letzten Sinnerfüllung zu helfen. Darin erfüllt sich sein eigenes Leben.

»Pater, es mag vielleicht romantisch klingen, aber in meinem Testament habe ich geschrieben, man möge bei meiner Beerdigung das Marienlied ›Meerstern, ich dich grüße, o Maria, hilf!‹ singen.« Romantisch fand ich es nicht, aber doch etwas überraschend bei einem Geschäftsmann, der es nicht so mit dem regelmäßigen Kirchgang hat.

Auch die Beziehung, die Ignatius zu Maria hatte, mag überraschen. – Nicht erstaunlich ist, daß ihm die traditionelle marianische Frömmigkeit nahe war: die Andacht vor Marienbildern, das Beten des Angelus, die Feier ihrer Gedenktage; dies steht zu erwarten bei einem baskisch-katholischen Ritter. Erstaunlich hingegen ist die sehr persönliche Bedeutsamkeit, die Maria für Ignatius in seinem Leben und Beten gewann.

Ein erstes, starkes inneres Erlebnis hatte er in der Zeit seiner schweren Krankheit: In seinen Tagträumen phantasierte er, wie er zu seiner »Herzensdame« gelangen könne, d.h. »wie er es anstellen könne, um an ihren Aufenthaltsort zu gelangen, was für schöne Verse und welche Worte er zu ihr sagen werde und was für Waffentaten er in ihrem Dienst vollbringen wolle« (PB 6). Doch da zeigte sich ihm eines Nachts überraschend eine ganz andere Dame:

»Als er einmal während der Nacht wach dalag, sah er klar ein Bild Unserer Lieben Frau mit dem heiligen Jesuskind; bei diesem Anblick empfand er für geraume Zeit ganz außerordentlichen Trost. Und ein solcher Abscheu vor seinem ganzen vergangenen Leben und besonders vor den Sünden des Fleisches erfüllte ihn, daß er vermeinte, aus seiner Seele seien alle Vorstellungen geschwunden, die er früher in sie eingeprägt hatte« (PB 10).

Läßt man einmal alle psychologischen und spirituellen Deutungsversuche weg, bleibt doch die Tatsache, daß Ignatius sich von damals an in seinen erotischen Kräften und Strebungen geordneter erfuhr.

Daß er nicht lange nach diesem Erlebnis in einem dogmatischen Streit um Maria sich versucht fühlte, seinem Gesprächspartner einen Dolch zwischen die Rippen zu stoßen, bezeichnet Ignatius selbst als »Blindheit« der Seele, die noch »keinen Blick für innere Werte« wie »Demut, Liebe, Geduld« hatte (PB 14). Wenig später freilich hielt er vor dem Altar Unserer Lieben Frau vom Montserrat in seinen Waffen Wache, legte seine bisherigen Kleider ab, nahm die eines Bettlers und ließ am Altar sein Schwert und seinen Dolch aufhängen (vgl. PB 17). – Äußeres Zeichen einer inneren Wandlung! Maria half ihm, »Schwerter zu Pflugscharen umzuschmieden«.

So ist es nicht verwunderlich, daß in der »Schmiede« der Exerzitien sich eine große seelische Feinfühligkeit von Ignatius zeigt, wenn er die Gestalt Marias betrachtet. Dies wird vor allem deutlich bei drei eingefügten außerbiblischen Marienbetrachtungen: der Abschied Jesu von seiner Mutter zu Beginn des öffentlichen Wirkens; die einsame und trauernde Frau nach dem Tod Jesu; der Auferstandene, der als erstes seiner Mutter erscheint und sie tröstet. – Hier spricht nicht mehr der »ehemalige Offizier«, der »Organisator des Ordens«, sondern es wird die Seele des Ignatius in ihrer Zartheit indirekt und diskret sichtbar.

Jeden Exerzitanten schickt Ignatius in diese »Schule der Zartheit« bei Maria, der Mutter Jesu, »unserer Herrin« – und »unserer Schwester«, würden und dürfen wir heute gern dazusagen: An Schlüsselstellen der Exerzitien, in vielen biblischen Betrachtungen ist Maria gegenwärtig.

Entscheidender aber ist vielleicht noch, daß Ignatius immer wieder, vor allem gegen Ende der Betrachtungen, den betenden Menschen zu einem »Zwiegespräch mit Maria« einlädt. Wenn Gebet »das Atmen der Seele« ist, dann könnte man sagen: Ignatius lädt ein, das eigene Betrachten, Besinnen und Fühlen durch den feinen Schleier fraulichen Menschseins hindurchzuatmen und auch »sieben« zu lassen.

Ein Vergleich mag dieses Geschehen ein wenig verdeutlichen: Ist es nicht ein merklicher Unterschied, ob jemand eine Lebensfrage mit einem Freund oder einer Freundin, seinem Vater oder seiner Mutter, einem Exerzitienbegleiter oder einer Exerzitienbegleiterin, einem Therapeuten oder einer Therapeutin durchspricht?

Ob unser Innerstes nicht ganzmenschlicher, ausgeglichener und zugleich spannungsvoller würde, wenn wir unser Sein und Beten mehr vom Blick auf Maria prägen ließen? Vielleicht könnten wir dann auch wie jemand am Ende von Exerzitien sagen: »Maria ist mir zur Freundin geworden.«

Kreuz und Auferstehung

Abtöten

Den Nerv eines Zahnes abtöten zu lassen, wenn es denn gar nicht mehr anders geht, das kann man gerade noch als lebensdienliche Notmaßnahme verstehen. Aber Abtötung, »sich abtöten« als geistliches Geschehen – welchen spirituellen Kopfstand muß man machen, um dies in einem guten Sinn zu deuten?

Kaum ein Begriff der traditionellen Aszese ist so mißverständlich wie dieser. Allein schon das Wort »Abtötung« scheint Anhaltspunkt und Berechtigung für alle Vorwürfe gegen ein leibfeindliches und weltflüchtiges Christentum zu geben.

Ignatius selbst ist der beste Zeuge dafür, daß die Unterscheidung der Geister auch bei diesem Wort notwendig ist. Er, der durch übertriebene Härte fast seine Gesundheit ruinierte, erkannte, daß auch der Ungeist unter der Maske christlichen Opfergeistes auftreten kann: In Abtötung kann viel Eigenwille stecken, Aggressivität, die sich gegen sich selbst wendet, falsche Werkgerechtigkeit, ja der Versuch, durch Fasten, Nachtwachen usw. Gott und Gotteserlebnisse herbeizwingen zu wollen. Und dies wäre genau das Gegenteil wirklicher Abtötung.

Von der fruchtbaren, lebenspendenden Abtötung sagt Ignatius: »Das soll ein jeder bedenken, daß er in allen geistlichen Dingen nur insoweit Fortschritte machen wird, als er herausspringt aus seiner Eigenliebe, seinem Eigenwillen und seinem Eigennutz« (EB 189).

Man muß genau lesen: Es heißt nicht, daß der abgetötete Mensch der ist, der vor sich davonläuft, sondern der, der aus sich »herausspringt«. Der abgetötete Mensch ist der ich-freie, nicht der ich-lose Mensch.

Es gibt eine köstlich-makabre Karikatur, die das Gemeinte

verdeutlichen kann: Ein Betrunkener kreist zum x-ten Male um eine Litfaßsäule herum und schreit verzweifelt: »Hilfe, ich bin eingesperrt!« – Ein Symbol für den Tanz des Menschen um das eigene Ich. Es gehört zu den furchtbarsten Selbsterfahrungen, wenn jemand merkt, wie sehr er in das eigene kleinliche, egoistisch verkrampfte Ich eingesperrt ist. Von den Wänden dieses Gefängnisses tönt immer nur das Echo: Ich, Ich, Ich! Warum immer ich? Warum ich nicht? Ich komme nicht los von mir. Das Ich als Hölle, als Isolationsfolter, als Punkt, auf den man nach allen Ausflugsversuchen zum Du und zur Welt wieder zurückfällt. In dieser Ich-Hölle entsteht die Sehnsucht nach einer freien Beziehung zum eigenen Ich. Wird diese Befreiung geschenkt, dann geschieht wirkliche Erlösung: Befreiung zum Du, Befreiung zur Welt, Befreiung zu sich selber, Sprung aus sich heraus auf die anderen zu. Die bloße Rotation um sich selbst hört auf, und Begegnung wird möglich. Mit dem Ich im Rücken, als Rückgrat, wird der Blick auf den Weg nach vorne frei.

Jesus drückt diesen »Sprung aus sich heraus«, diese Ich-Transzendierung, den Sinn fruchtbarer Abtötung mit den Worten aus: »Wer an seinem Leben festhält, wird es verlieren; wer sein Leben losläßt, wird es gewinnen!« (vgl. Lk 9,24; Joh 12,25).

Was Jesus in den Seligpreisungen anspricht, hat zutiefst mit dem inneren Sterben und dem Gewinnen von Leben zu tun. Armut, Ohnmacht, Grenzsituationen müssen nicht unbedingt zerstören, sondern können auch zu einem neuen, tieferen Leben führen, zu einer »Seligkeit«.

Wie die ganze Bergpredigt, so zeigt das zentrale Geheimnis christlichen Glaubens, das Sterben und die Auferstehung Jesu, wie jemand sein Leben verlieren kann und es so für sich und seine Mitmenschen gewinnt.

Es geht also bei der Ab-tötung, die auf-leben läßt, um die Befreiung von aller Ich-Verkrampfung, vom ängstlichen Festhalten an sich, von der Fixierung auf das ichsüchtige Denken und Wollen.

Erfahrbar wird die Abtötung in vielen alltäglichen Spannungen, die man durchhält: in der Geduld, die lange und einfühlsam zuhören läßt; in dem Ruck, den man sich gibt, um endlich eine unangenehme Sache anzusprechen; in der Nachtwache, die man trotz Müdigkeit bei einem Kranken durchhält; oder auch in der Ruhe, die man sich gönnt, wenn man darauf »verzichtet«, sich zu überarbeiten; in den Zeiten geduldigen Wartens beim Gebet. In all dem geht es um ein immer ich-freieres Begegnen und Leben.

In diesem Sinne hat Karl Rahner ein Gebet formuliert:

»*Damit ich dich finde, hast du mich verlassen. Denn wärest du bei mir, fände ich auf der Suche nach dir immer nur mich. Ich muß ausgehen von mir, soll ich dort dich finden, wo du – du selbst sein kannst.*«

Für

»Für« soll ein ignatianisches Grundwort sein? Was steckt in diesem kleinen, alltäglichen Wort? – Seine starke Aussagekraft erschließt sich leicht, wenn man auf eine Stelle im Exerzitienbuch schaut, die in der ersten Exerzitienwoche von zentraler Bedeutung ist. Nachdem Ignatius dem betenden Menschen das ganze Elend, die Sündhaftigkeit, die Grausamkeit, die Unverständlichkeit der Weltgeschichte, der Menschenherzen und des eigenen Lebensschicksals vor Augen geführt hat, läßt er ihn auf Jesus, die menschgewordene und gekreuzigte Liebe Gottes schauen:

»*Zwiegespräch: anschaulich sich vorstellen, wie Christus unser Herr gegenwärtig und ans Kreuz geheftet ist, und ein Zwiegespräch beginnen. Wie er als Schöpfer gekommen ist, um sich zum Menschen zu machen, vom ewigen Leben zum zeitlichen Tod und so für meine Sünden zu sterben. Ebenso dann den Blick auf mich selber richten: was ich für Christus getan habe, was ich für Christus tue, was ich für Christus tun soll; und indem ich ihn derar-*

tig schaue und so ans Kreuz geheftet, überdenke ich das, was sich gerade anbietet« (EB 53).

»Cur deus homo? – Warum ist Gott Mensch geworden?« – Für mich – meinetwegen, das ist die Antwort, die Ignatius geschenkt wird und die ihn immer neu in liebend-dankbares Staunen geraten läßt. Martin Luthers Frage: »Wie finde ich einen gnädigen Gott?«, hat sich für Ignatius im Blick auf die Liebe, die »bis zur Vollendung«, bis zum Ende, bis in den Tod hinein liebt, beantwortet.

In dem Wort »für« ist für Ignatius das Geschehen von Versöhnung ausgedrückt und gegenwärtig. In den Wandlungsworten der Eucharistie wird dieses Geschehen der Versöhnung ebenfalls mit dem Wort »für« ausgedrückt:

»Das ist mein Leib, der für euch hingegeben wird… Das ist der Kelch des neuen und ewigen Bundes, mein Blut, das für euch und für alle vergossen wird zur Vergebung der Sünden. – Tut dies zu meinem Gedächtnis.«

Theologen haben für das Leben und Sterben Jesu das Wort »Proexistenz« geprägt. Damit will gesagt sein, daß das Lebensgeheimnis Jesu darin bestand, für andere zu existieren, für andere dazusein. Liebe Gottes zeigt sich in Jesus als »Dasein-für…«.

Sprachgeschichtlich wurzelt das Wort »für« in »vor«; in der Redewendung »Schritt für Schritt« zeigt sich dieser ursprüngliche Zusammenhang noch. Er will sagen, daß sich jemand vor einen anderen stellt und ihn so schützt. Anschaulich zeigt sich dies in der alttestamentlichen Szene, in der David und Goliat als Vor-Kämpfer vor die Reihen der beiden feindlichen Heere treten, um stellvertretend für die anderen den Kampf auszufechten.

»Stellvertretung« ist eine alte Deutung für das Geschehen der Erlösung. Der evangelische Theologe Heinz Zahrnt sucht sie im Blick auf ein historisches Geschehen nahezubringen:

»Auf Formosa gibt es in der Nähe von Tainan eine eigenartige

Gedenkstätte. Sie erinnert an den Stammesfürsten, dem es hier vor einigen Jahrhunderten gelungen ist, die Kopfjägerei abzuschaffen. Schon seine Vorgänger hatten diesen Greuel mit Gewalt einigermaßen unterdrückt. Als aber wieder ein großes Götterfest bevorstand, für das man früher frische Menschenschädel zu schlagen pflegte, wollten die Männer des Stammes es sich nicht mehr verbieten lassen. Der Fürst erlaubte ihnen, den Mann zu erjagen, den sie am nächsten Morgen durch den Wald reiten sehen würden. Das taten sie dann auch. Aber als sie sich den Erschlagenen ansahen, da war es ihr Fürst. Er hatte sich stellvertretend geopfert. Betroffen durch seine Selbsthingabe, schworen sie bei seiner Bestattung der Kopfjägerei für alle Zeiten ab – die Macht der Liebe hatte sich als stärker erwiesen als die Gewalt des Gesetzes.«

Der gekreuzigte Christus ist das Zeichen des Sieges der Liebe über das bloße Gesetz. Sein »Dasein-für« bringt Versöhnung und zeigt die Basis für alles menschliche Zusammenleben.

»Was Stellvertretung heißt, erfahren wir in unserer arbeitsteiligen Gesellschaft jeden Tag. Ob eine Schwester Kranke pflegt, ein Lehrer Schüler unterrichtet, ein Anwalt einen Angeklagten vor Gericht vertritt, ein Pfarrer Kinder tauft, Straßenkehrer und Müllkutscher den Dreck wegschaffen – in jedem Fall tut ein anderer etwas ›für uns‹ und stellt uns auf diese Weise davon frei: sein Tun kommt uns zugute« (Heinz Zahrnt, Warum ich glaube. Meine Sache mit Gott, München 1980, S. 105).

Die Proexistenz Jesu hat Ignatius immer mehr zu einem »Menschen-für-andere« gemacht. Vielleicht kann man sagen: Ein Mensch ist nur, wer ein Mensch für andere ist.
Dieses Menschsein-für-andere nährt sich aus der Erfahrung, daß Gott ein Gott für andere, ein Gott für die Menschen ist. Welches Lebensgefühl aus dieser Glaubenserfahrung erwachsen kann, zeigt ein Wort von Paulus aus dem Römerbrief:

»Ist Gott für uns, wer ist dann gegen uns? Er hat seinen eige-

nen Sohn nicht verschont, sondern ihn für uns alle hingegeben –
wie sollte er uns mit ihm nicht alles schenken?« (8,31–32).

Ist es verwunderlich, daß Ignatius, der sich so mit Gottes
eigenem Sohn beschenkt erfuhr, mit seinem Leben ganz
für Ihn dasein will: »Nimm hin, Herr, und empfange meine ganze Freiheit« (EB 234).

Gekreuzigte Liebe

In der Kunst der ersten Jahrhunderte gibt es keine Darstellung des gekreuzigten Christus. Der Grund dafür ist nicht,
daß sie alle einfachhin verlorengegangen wären, sondern
daß die Christen der ersten Generationen Jesus nicht als
Gekreuzigten darstellten. In einer Umwelt, in der die
Kreuzigung als Fluch und schmachvolle Todesart für Sklaven galt, schien ihnen eine solche Darstellung wohl zu
schockierend, zu mißverständlich. Es ist bezeichnend, daß
die erste erhaltene Kreuzigungsdarstellung eine wohl von
einem Buben in Stein geritzte Karikatur ist. Sie zeigt ein
Kreuz und einen angenagelten Menschen mit einem Esels-
kopf. Was die Gestalt neben dem Kreuz tut, macht die Un-
terschrift klar: »Alexamenos betet seinen Gott an.«
In einem Brief, den Paulus an die Korinther schreibt, wird
die Schockwirkung des Evangeliums deutlich: »Wir verkünden Christus als den Gekreuzigten: für Juden ein
empörendes Ärgernis, für Heiden eine Torheit, für die Be-
rufenen aber, Juden wie Griechen, Christus, Gottes Kraft
und Gottes Weisheit« (1 Kor 1,23–24).
Woran die einen Anstoß nehmen, das ist für andere Zeichen des Heiles. So wird es in der Karfreitagsliturgie von
der singenden Gemeinde ausgedrückt: »Im Kreuz ist Heil,
im Kreuz ist Hoffnung, im Kreuz ist Leben!«
Leben aus dem Glauben an Jesus Christus und Kreuzesnachfolge sind eng miteinander verbunden. Darum läßt

Ignatius die Kandidaten, die in den Orden aufgenommen werden wollen, fragen, ob sie Jesus auf Seinem Weg nachfolgen wollen: auf dem Weg, der Härten mit sich bringt, Unverständnis, Widerstand, Verleumdung, Auseinandersetzungen und Verfolgung. Diese Einstellung ist so wichtig, daß Ignatius schreibt: Wenn der Kandidat »sich wegen unserer menschlichen Schwachheit und der eigenen Armseligkeit nicht in einem solcherart brennenden Verlangen in unserem Herrn findet, frage man ihn, ob er irgendein Verlangen danach habe, sich in einem solchen Verlangen zu befinden« (Konst. 102). Also »wenigstens« das »Verlangen nach dem Verlangen« muß in einem Menschen sein, wenn er den Weg mit Jesus bis zum Ende mitgehen will.

Ignatius läßt den Menschen auf dem Exerzitienweg, der der Weg des Evangeliums ist, immer wieder dem Kreuz begegnen.

Das Kreuz ist das Symbol für alle menschliche Not und Zerrissenheit im eigenen Leben und in der Geschichte der Menschheit. Der betende Mensch wird ermutigt, alle Dunkelheit, alle Bosheit, alle Lebenslügen, alle Schuld anzuschauen, so wie sie sich ihm zeigen will. Vor dieser Not, vor diesem Kreuz wird der Mensch nicht alleingelassen, sondern eingeladen, mit Christus, der gekreuzigten Barmherzigkeit Gottes, ein Zwiegespräch zu führen wie »ein Freund mit dem andern« (EB 54).

Der heilige Franz von Sales drückt diese Situation mit einem schlichten und ansprechenden Vergleich aus:

»Gewiß, vergleiche dich in deinem religiösen Leben nur mit der Biene. Denn dieses kleine Tier hat gegen seine Krankheiten nur ein Mittel. Es strebt nach der Sonne und sucht Heilung in ihrem Licht und in ihrer Wärme. So sollen auch wir nach unserer gekreuzigten Sonne streben und zu ihr sprechen:
O schöne Sonne meines Herzens, die du alles belebst mit den Strahlen deiner Liebe, sieh auch mich hier in deinem Lichte, den Tod im Herzen, und nichts kann mich retten als die lebensspendende Wärme deiner Liebe, mein Jesus, mein Herr und mein Gott!

Und siehe, in dieser Sonne wird der Tod selbst dir Leben, Jesus unser Herz und das Herz unseres Herzens, wird in Liebe über dich wachen. Bleibe im Frieden, und trage Jesus im Herzen, auf daß du mehr und mehr einzig sein Eigen wirst.«

Dies ist Ignatius aus dem Herzen gesprochen: Jesus, »die gekreuzigte Sonne« und »das Herz unseres Herzens«. Wer von der wärmenden Liebe dieser gekreuzigten Sonne geheilt ist, der möchte nicht nur all seine Not auf Christus abladen, sondern er möchte auch das Kreuz mittragen helfen: »Herr, ich möchte dir folgen, wohin du auch gehst!«

Dieses »Wohin« kann Etappen des Erfolges, der Begeisterung, der Freude bedeuten, aber auch die geistlichen Orte und seelischen Zustände meinen, die in der Bergpredigt seliggepriesen werden: Armut, Gewaltlosigkeit, Ohnmacht, Verleumdung usw. Jesus hat beides erfahren und durchlebt: Bejahung und Ablehnung, Nachfolge und Verfolgung, Leben und Tod. Und in allen Situationen hat er in Verbindung mit dem Urquell des Lebens gestanden, mit seinem Abba, seinem Gott. Und er hat bezeugt, daß in allen Situationen eine »Seligkeit« gefunden werden kann. Ja, im Verlieren von Leben kann *Leben* gewonnen werden.

Am Ölberg und am Kreuz gipfelt der Weg Jesu auf. Wo er sich am verlassensten vorkommt, dort stiftet er tiefste Gemeinschaft und erneuert den Bund Gottes mit den Menschen. Wie der Regenbogen im Alten Bund, so ist Jesus, die zwischen Himmel und Erde gekreuzigte Sonne, das Versöhnungszeichen des »neuen und ewigen Bundes«.

Auch am Auferstandenen bleibt Sein Weg, der Kreuzweg sichtbar: Jesu Wunden sind nicht vernarbt oder »kosmetisch« überdeckt, sondern ins Leuchten geraten. An den Wundmalen erkennen die Jünger, daß sie nicht eine bloße Lichtgeist-Erfahrung haben, sondern daß Jesus selbst gegenwärtig ist.

Die Jünger wissen sich in die Kreuzesnachfolge gerufen. Der Blick auf Jesus zeigt, worum es auf diesem Weg geht: um die Liebe, um die Unbedingtheit der Liebe. Jesus hat die »Nagelprobe« der Liebe »bestanden«. Er hat das »experimentum crucis« nicht abgebrochen und ist nicht »ausgestiegen«: »Steig doch herab...!«

Sehr schlicht drückt Mutter Teresa dieses Geschehen einmal aus: »Lieben, bis es weh tut.« Dies will sagen: Es gibt Situationen, in denen Lieben weh tut: in durchwachten Nächten am Krankenbett, im Aufheben und Umarmen eines Aussätzigen, im Durchhalten einer Krisensituation in einer Beziehung, im Schmerz einer Liebe, die keine entsprechende Gegenliebe findet, und in manchen Nächten des Vertrauens, in denen auch die »gekreuzigte Sonne« Gottes sich noch verfinstert.

Diese Liebe mitzuleben ist nicht einfach: Sie muß sich unterscheiden von einem Leid und Kreuz, an dem ein Mensch in einer krankhaften Weise festhält, weil er Angst hat vor dem wirklichen Leben. Sie bringt den Schmerz des Mitleids, des Mitleidens: »Weint mit den Weinenden!« Sie kann eine Änderung in der Gottesbeziehung bedeuten, wie ein geistliches Zeugnis zeigt:

»Jesus, mein Erlöser. – Mir ist bewußt geworden, daß ich Seine Liebe und meine Liebe und Freude nie so ganz mit dem Leiden Jesu in Verbindung gebracht habe. Mehr lag mir der barmherzige Vater und der gute Hirte. Und nun meine ich, daß an diesem Punkt meine ›Bremse‹ zu finden ist: weil ich das Leiden Jesu für mich nicht als Äußerung Seiner Liebe annehmen möchte; mehr aus falschem Mitleid statt demütiger Annahme seiner Liebe bis zum Äußersten.«

Wo die unbedingte Liebe angenommen ist, da werden göttliche und menschliche Liebe eins. »Jesus meine Liebe ist gekreuzigt«, schreibt Ignatius einmal. Wie soll dieses Wort verstanden werden? Spricht es von Jesus als der gekreuzigten Liebe Gottes? Oder von der Liebe des Ignatius, der den Schmerz seines Lebens und Mitliebens erfährt? Wir brauchen nicht zu unterscheiden. Für Ignatius galt jedenfalls, daß an keinem Holz sich »das Feuer der göttlichen Liebe so entzünden läßt wie am Holz des Kreuzes«.

Im Herrn

Wenn ein Brief mit der Formulierung »in alter Frische« oder »in herzlicher Verbundenheit« endet, dann weiß man, was damit gemeint ist. Was ist gemeint, wenn Ignatius viele seiner Briefe mit der Wendung schließt: »im Herrn«? In welchem Sinn schreibt und spricht Ignatius, wenn es immer wieder heißt: »im Herrn handeln ... im Herrn lieben ... im Herrn einander verbunden sein...«?

Das Wörtchen »in« meint innigste Verbundenheit. Es gibt keine Silbe, kein Wort, das eine größere Nähe ausdrückt. Das gilt schon rein räumlich: Es können Dinge nahe, sehr nahe beieinander liegen, ja, sie können sich berühren, aber die größte Nähe ist gegeben, wenn sie ineinander sind. »In«, das ist Nähe von innen. »In« ist Berührung nicht von außen, sondern von innen.

Noch deutlicher wird die Bedeutung dieses Wortes bei der menschlichen Begegnung: Sei es die leibliche Nähe in der intimen Begegnung, sei es, daß Menschen einander »ins Herz geschlossen« haben – »in« drückt größte Nähe aus. In diesem Sinn heißt es in einem der ältesten Dokumente in deutscher Sprache – einem Liebesgedicht des Minnesängers Walther von der Vogelweide –, daß der Liebende das »Slüzzelin«, das Schlüsselchen, zu seinem Herzen verloren hat, in dem seine Geliebte ist: Sie ist ihm unaufgebbar nahe.

Der Evangelist des »In« auf der Sprachebene des Glaubens ist Paulus. Über hundertmal gebraucht er die Formulierung »in Christus« sein und drückt damit die Mitte seiner religiös-mystischen Glaubenserfahrung aus. In Christus zu sein ist eine neue Weise dazusein, in der Welt zu sein, zu leben.

Diese innerste Einheitserfahrung wird im Neuen Testament auf verschiedenste, zumeist bildhafte Weise ausgedrückt: in Christus ein Leib sein; verbunden sein wie der Weinstock und seine Zweige und Reben. Der »innigste« Ausdruck dieses »In-Seins« ist in der Kommunion gegeben: Im Essen wird ja die Nahrung, das Äußere, mit dem Menschen ganz eins. Der Mensch ist, was er ißt: die Liebe Gottes, die sich in Christus ganz hingibt.

Dieses Geschehen des Glaubens wird immer wieder Menschen in besonders deutlicher Weise gegeben. Zumeist bleibt dieses unter dem Schleier der Intimität verborgen. Wenn es in Worte gefaßt wird, dann in Worte überschwenglicher Liebe. Für sie gilt, was Augustinus einmal gesagt hat: »Gebt mir einen Liebenden, und er wird mich verstehen!« – Ein Zeugnis für diese Sprache der Liebe:

»... und dann hat Gott mein Herz mit Jesu Herz vereint, ja verschmolzen, und jetzt schlägt unser Herz im gleichen Takt zur Ehre des Dreifaltigen Gottes. Jetzt lebe ich Jesu Leben, liebe wie Jesus, denke und fühle wie Jesus. Jesus ist in mir Mensch geworden, geboren in meinem Stall. Für ewige Zeiten bin ich in Jesu Hingabe und Liebe an den Vater, in seinem Wohlgefallen. Der Tropfen meiner Liebe ist vom Eimer in das Meer der Liebe Gottes gefallen. Jetzt bin ich Meer der Liebe Gottes, und das bleibt so. Ich singe mit Jesus zusammen auf ewig den Lobgesang des Vaters und des Geistes von Seiner Herrlichkeit.«

Das gleiche Geschehen drückt Bischof Klaus Hemmerle einmal betend-bedenkend mit den Worten aus:

»Du nimmst nicht etwas von mir an; du hast nicht nur irgendeinen Pakt mit mir, sondern du nimmst mich so an, daß mein Antlitz in dir drinnen ist, daß mein Kreuz in dein Zentrum hineinreicht, daß meines Kreuzes Arme sich in deiner Mitte, in deiner göttlichen Mitte schneiden, daß ich ganz und gar und daß alles Menschliche ganz und gar in dich hineingenommen und aufgenommen ist, so daß du zu mir sagst: nicht nur ›du‹, sondern ›ich‹. Du nimmst mich an und auf, in dich. Und das bin ich; das schenkst du mir; dies ist dein Geheimnis, das du mir anvertraust: so sehr der Verschenkte, so sehr der Angenommene zu sein.«

»Im Herrn«, das ist für Ignatius keine bloß fromme Formulierung, sondern eine neue Weise, dazusein und zu leben. »Gott *in* allen Dingen suchen und finden« ist der kürzeste Satz dafür, »im Herrn« das einfachste geistliche Kürzel. »Im Herrn« zu sein, heißt, in dem Gott zu sein, der uns »innerlicher ist, als wir uns selbst innerlich nahe sind« (Augustinus); es heißt, »durch ihn und mit ihm und in ihm ... in der Einheit des Heiligen Geistes« Gott zu preisen; es heißt schließlich, sich der großen Bewegung Gottes anzuvertrauen, durch die er alles in Christus zusammenschließt und in sein eigenes göttliches Leben einfügt: »Wenn ihm dann alles unterworfen ist, wird auch er, der Sohn, sich dem unterwerfen, der ihm alles unterworfen hat, damit Gott herrscht über alles und in allem« (1 Kor 15,28). »Im Herrn« zu sein heißt, im Herrschaftsbereich der Liebe zu leben.

Tod

Ignatius war nicht nur mutig, sondern todesmutig. Und er hätte diesen Todesmut bei der aussichtslosen Verteidigung der Feste Pamplona auch fast mit dem Leben bezahlt. Auf seinem Krankenlager hing – nach dem Urteil der Ärzte – sein Leben nur noch an einem seidenen Faden. In der Nacht zum Fest des heiligen Petrus befand er sich in der entscheidenden Krise. Er überstand sie und »kam durch«.

Später einmal, als er sich auf seinem Weg durch bergiges Gelände verstiegen hatte, erlebte er eine Todesangst wie nie zuvor und nie nachher in seinem Leben.

Nicht nur solche gewissermaßen »natürlichen« Situationen brachten Ignatius in Berührung mit dem Tod. In der Phase seiner inneren Nöte stand er vor dem Selbstmord. Nur durch eine Falltür im Boden seines Zimmers hätte er sich in die Tiefe zu stürzen brauchen. Was ihn letztlich von diesem Schritt abhielt, war die tiefe innere Erkenntnis, daß ihn dies von seiner Grundentscheidung, mit seinem ganzen Leben auf den Wegen Jesu Christi, auf dem Weg des Evangeliums gehen zu wollen, abbringen würde.

Tod und Gedanken an den Tod gab es im Leben von Ignatius auf verschiedenste Weise. Eine besonders kennzeichnende ist, daß Ignatius den Gedanken an den Tod mit dem Treffen von Entscheidungen verbindet. Er rät demjenigen, der sich in einer Entscheidungssituation unsicher ist, an den Tod zu denken und sich die Frage zu stellen: Wie möchte ich in dieser äußersten Stunde meines Lebens entschieden haben? Ignatius läßt die Sache der Entscheidung sozusagen aus dem größtmöglichen Abstand betrachten. Er ordnet damit die Einzelentscheidung in das Lebensganze, in die Grundrichtung des persönlichen Lebens ein. Er ist überzeugt, daß der Blick auf das Ganze jede einzelne Entscheidung beeinflussen kann und soll.

In früheren Zeiten wurde diese Perspektive häufig und ausdrücklich gepflegt. Der Totenkopf auf dem Tisch des Mönchs war auf alten Bildern sozusagen obligatorisch, gehörte hinzu. In Exerzitien wurde immer wieder zur meditatio mortis, zur Betrachtung des Todes, angeregt.

Unsere Zeit scheint da in einer Gegenbewegung zu sein: Viele Menschen sterben in Krankenhäusern; die Menschen sollen sich mehr darum kümmern, daß es »ein Leben vor dem Tod« gibt, als sich Gedanken über ein Leben nach dem Tod zu machen; auch durch den Gedanken der Wiedergeburt wird der Tod in seiner Endgültigkeit zumindest verschoben.

Liegt hinter all dem nicht auch eine verborgene Todesangst? Ist diese nicht ebenso wirksam in der Angst, Begrenzungen anzunehmen, feste Bindungen einzugehen, und in dem Zwang, die Zeit vollstopfen und immer auf »Nummer sicher« gehen zu müssen? Ignatius war überzeugt, daß der wiederholte Gedanke an den Tod und damit an Endgültigkeit und Begrenztheit zu einem wirklichkeitsgerechteren und gottgefälligeren »Leben vor dem Tod« helfen könne.

Ignatius erfüllte der Gedanke an den Tod mit einer großen

Freude. Sie war so groß, daß er seine Freudentränen nicht zurückhalten konnte. Er war befreit von Todesängsten und wußte, was Paulus mit seinen hymnischen Worten im Brief an die Römer meinte:

»Ich bin gewiß: Weder Tod noch Leben, weder Engel noch Mächte, weder Gegenwärtiges noch Zukünftiges, weder Gewalten der Höhe oder Tiefe noch irgendeine andere Kreatur können uns scheiden von der Liebe Gottes, die in Christus Jesus ist, unserem Herrn« (8,38–39).

Seine Mitbrüder wären gern beim Sterben ihres Ordensgründers dabeigewesen. Aber es kam nicht dazu. Man schätzte seine Krankheitssituation nicht richtig ein, und so starb Ignatius, wie es heißt, »einen Tod, wie alle Welt« ihn stirbt. Keine letzten Worte oder Vorgänge, die für die Heiligenbiographie hätten notiert werden können. Es war nicht nötig. Seine Weggefährten und Brüder wußten, was ihm der Tod bedeutete, der letzte Schritt ins endgültige »Leben in Fülle«, in das Schauen »von Angesicht zu Angesicht«.

Es gibt wohl keine angemessenere Auslegung dieses Sterbens als die Worte des Nachfolgers von Ignatius, P. Pedro Arrupe SJ. Dieser Generalobere der Jesuiten von 1965 bis 1983, selbst Baske wie Ignatius, schreibt 1981 am Ende eines biographischen Rückblicks eine Art Vorausblick auf seinen Tod:

»Tatsächlich ist der Tod, den man oft sehr fürchtet, für mich eines der am meisten erwarteten Ereignisse, ein Ereignis, das meinem Leben Sinn verleiht ... Er bedeutet, sich dem Herrn in die Arme werfen, er bedeutet, die Einladung hören, die man nicht verdient hat, die aber in Wahrheit ergangen ist: ›Wohlan, du guter und getreuer Knecht... geh ein in die Freude deines Herrn‹ (Mt 25,21), er bedeutet, ans Ziel der Hoffnung und des Glaubens zu kommen, um in der ewigen und grenzenlosen Liebe zu leben (vgl. 1 Kor 13,8) ... Ich hoffe, daß es ein ›consummatum est – es ist vollbracht‹ sein wird, das letzte Amen *meines Lebens, das erste* Halleluja *meiner Ewigkeit.«*

Bald nachdem P. Arrupe diese Worte geschrieben hatte, traf ihn auf der Rückreise von den Philippinen ein Gehirnschlag. Der große, lebendige, spirituell vitale Mann des Wortes und der Initiativen mußte acht Jahre »sprachlos« und ohne sich richtig bewegen zu können auf dem Krankenlager zubringen. Am 5. Februar 1991 starb er, am Todestag der gekreuzigten japanischen Jesuiten-Märtyrer. Ein guter Sterbetag für jemanden, der 1945 in Hiroshima den Abwurf der Atombombe nur wenig vom Zentrum entfernt erlebt hatte. – Ein Selbstzeugnis von P. Arrupe aus dem Jahr 1983, das auf seinem Sterbebild abgedruckt ist, zeigt, was es heißt, im Herrn zu leben und zu sterben:

»Ich fühle mich mehr denn je in den Händen des Herrn. In meinem ganzen Leben, von Jugend an, habe ich danach verlangt, in den Händen des Herrn zu sein. Und noch jetzt ist es das einzige, das ich verlange. Aber sicherlich gibt es da den Unterschied: Heute ist es der Herr selbst, der ganz die Initiative hat. Ich versichere euch, daß es eine sehr tiefe Erfahrung ist, mich ganz und gar in seinen Händen zu wissen und zu fühlen.«

Tränen

Der alternde Ignatius hält es für wert, in seiner Autobiographie festzuhalten, daß er bei der »Schlächterei«, als ihm – ohne jede Narkose – das schwerverletzte Bein erneut gebrochen und später ein Stück Knochen abgesägt wurde, keinen einzigen Schmerzenslaut von sich gab. Als später einmal ein Bruder etwas an seinem Talar richtete und dabei versehentlich mit der Nadel das Ohr von Ignatius durchstieß, ohne es zu bemerken, sagte Ignatius ruhig: »Bruder, Sie nähen mir ja das Ohr fest.« – Daß Ignatius nicht weinerlich war, ist das wenigste, das man in dieser Hinsicht von ihm sagen kann. Und doch war er ein Mann der Tränen! Mehrmals am Tag weinte er. Und eine Meßfeier, bei der er nicht zwei-, dreimal weinte, war »trocken«. Die Worte der Psalmen im Brevier berührten ihn so sehr, daß er fast nicht zu Ende beten konnte. Auch mitten in Gesprächen konnte es geschehen, daß er sich nur mühsam zurückhalten konnte, wenn jemand ein Wort sagte, das ihn an eine innerlich erfahrene göttliche Wirklichkeit und Berührung erinnerte.

Warum weinte Ignatius? Es ist fast grob, so zu fragen, und es mag fast so eigen anmuten wie die Untersuchungen heutzutage, die zeigen, daß Tränen je nach Anlaß chemisch verschieden zusammengesetzt sind. Vielleicht ist die Frage aber doch nicht so indiskret, da Ignatius selbst mit großer Sorgfalt in seinem Tagebuch notiert: »Tränen ... keine Tränen ... dann ganz starke Tränen ...« Also noch einmal die Frage: Warum hat Ignatius geweint?

Ignatius kennt die Tränen der Reue. Er lädt den Exerzitanten ausdrücklich ein, um Schmerz, Reue und Tränen über seine Sünden zu bitten. Diese Tränen können Ausdruck dafür sein, daß das verhärtete, »vereiste« Herz ins Fließen geraten ist. Die von Herzenskälte und durch Egoismus und Empfindungslosigkeit eingefrorenen Gefühle geraten im Reueschmerz ins Fließen. Neues Leben wird möglich. Reue ist die Fähigkeit, das Böse, den Schmerz, den man anderen – und sich selbst – zugefügt hat, von innen her mitzuempfinden. Damit ist eine neue, andere Weise der Begegnung möglich. Max Scheler nennt die Reue einen »schöpferischen Akt«.

Die Tränen sind bei Ignatius auch Ausdruck seines Mitleidens mit Jesus. Er möchte und kann mit Jesus weinen. Wenn Jesus vor der Stadt Jerusalem steht und klagt, daß ihre Bewohner seine Friedensbotschaft nicht hören, und weint, so bleibt Ignatius nicht unberührt und kalt daneben stehen.

Mehr noch aber als Tränen des Schmerzes weint Ignatius Tränen des Trostes, der Freude, der Dankbarkeit. Erfahrene Tröstung führt zumeist dazu, daß Tränen versiegen. Ignatius kennt mehr noch die Tränen der Beseligung. Es gibt eine Dankbarkeit, das Gefühl des Beschenktseins, daß man nur noch vor Freude weinen kann. Solche Tränen sind kostbar. Wenn Ignatius sich in seinem Tagebuch an diese Tränen erinnert, dann ist dies für ihn auch eine Weise, »sich der Wohltaten Gottes zu erinnern«, wie er es im Exerzitienbuch für den täglichen Rückblick auf den Tag rät.

Eine wichtige Rolle spielten für Ignatius die Tränen auch als innere Bestätigung. Wenn er wichtige Entscheidungen zu fällen hatte, dann kam es ihm besonders darauf an, innerlich zu verspüren, ob er in Übereinstimmung mit dem Geist Gottes entschied und lebte. Das Geschenk der Tränen war ihm dafür ein Zeichen.

Bei all dem hatte Ignatius eine freie Beziehung zu diesen Tränen der Tröstung. Ja, er bat sogar darum, daß die Tränengabe versiegen solle und er nur immer tiefer mit liebevoller Ehrfurcht und Demut erfüllt werde – wenn Gott dies so wolle.

Auch konnte er andere trösten, die gerne diese Gabe gehabt hätten – die Menschen, die Temperamente und auch die Gaben Gottes seien verschieden. Es komme nicht so sehr auf Tränen, sondern mehr auf die Bewegung des Herzens an.

Ignatius, der Offizier, der Ritter, der große Organisator – ein Mann der Tränen. Oft hat er das Gebet gesprochen: »Anima Christi sanctifica me ... – Seele Christi, heilige mich; Wasser der Seite Christi, wasche mich ...« Im Gebet und in der Berührung durch Gottes Liebe war seine Seele zart und lebendig geworden.

Lieben

Ignatius ist ein Mensch, der, nach dem Urteil eines Mitbruders, »ganz Liebe scheint«. Eine schönere Aussage kann es nicht über einen Menschen geben.

»Es ist eine sehr erwägenswerte Sache, wie unser Vater in Dingen, die dieselben scheinen, entgegengesetzte Mittel anwendet, gegenüber dem einen Strenge und gegenüber einem anderen große Sanftheit; und im nachhinein sieht man immer, daß dies das Heilmittel war, obwohl man es vorher nicht verstand. Aber immer ist er mehr zur Liebe geneigt, ja sogar so sehr, daß er ganz Liebe scheint. Und so wird er so universal von allen geliebt, daß man keinen in der Gesellschaft kennt, der nicht eine sehr große Liebe zu ihm hätte und der nicht urteilt, er werde sehr vom Vater geliebt« (Luis Gonçalves da Câmara, Memoriale. Erinnerungen an unseren Vater Ignatius, Frankfurt/M. 1988, S. 45).

Was heißt es für Ignatius, zu lieben?
Lieben heißt zuerst und zuletzt, sich lieben zu lassen. Lieben heißt, die Zusage Gottes in sich ankommen zu lassen: »Mit ewiger Liebe liebe ich dich« (Jer 31,3). Lieben heißt, sich von Gott selbst zu »Seiner Liebe und Seinem Lobpreis entflammen« zu lassen (EB 15). Den Geschenkcharakter der Liebe, »das Umsonst der Liebe«, drückt Ignatius immer wieder durch das Wort »von oben« aus. So etwa in der »Betrachtung zur Erlangung der Liebe«: »Schauen, wie alles Gute und alle Gabe von oben herabsteigt, ... gleichwie von der Sonne absteigen die Strahlen, von der Quelle die Wasser« (EB 237).
Diese gratis, umsonst, von oben geschenkte Liebe ist kein einseitiges Geschehen. Darum sagt Ignatius ausdrücklich:

»Die Liebe besteht in der Mitteilung von beiden Seiten her; das heißt, daß der Liebende dem Geliebten gibt und mitteilt, was er hat, oder von dem, was er hat oder kann, und als Erwiderung ebenso der Geliebte dem Liebenden; hat also der eine Wissen oder Ehren oder Reichtümer, so teilt er sie dem mit, der sie nicht besitzt, und so auch der andre dem einen« (EB 231).

In einer Begegnung, in einer Partnerschaft, gelingt also Liebe nur dann, wenn sie in einem Wechselspiel von Schenken und Beschenktwerden geschieht.

Diese schenkend-empfangende Liebe ist ein personales Geschehen. Was immer man gibt – Blumen, Zeit, Energie, Wissen, Geld –, es ist Ausdruck, dem Gegenüber persönlich begegnen zu wollen. So wollen auch die Gaben Gottes sagen, »wie sehr derselbe Herr danach verlangt, Sich selbst mir zu schenken, soweit Er es nur vermag« (EB 234). – Wenn der Wunsch nach Begegnung nicht mehr Ursprung und Hintergrund des Schenkens ist, wird es zum schlechten Liebesersatz; dann werden aus Schuldgefühlen heraus Kinder mit Geschenken überhäuft und bekommen genau das nicht, was sie brauchen: Zuwendung, Liebe.

Lieben heißt »nicht mit Wort und Zunge lieben, sondern in Tat und Wahrheit« (1 Joh 3,18). Ignatius sagt dasselbe mit dem Satz, »daß die Liebe mehr in die Werke als in die Worte gelegt werden muß« (EB 231). Sicher sind liebe, gute Worte wertvoll, und sicher kann man viel tun und dennoch dabei nicht sein Herz verschenken. Aber trotzdem bleibt wahr, daß die Liebe sich im konkreten Geschehen zeigt. »Bonum est concretum«, sagt Thomas von Aquin einmal: »Das Gute ist konkret.« Liebe ist konkret.

Zur Konkretheit der Liebe kann auch gehören, daß sie immer wieder Mühe kostet, der Anstrengung bedarf. »Lieben, bis es weh tut«, sagt Mutter Teresa einmal. Dies kann zum Echtheitstest der Liebe gehören. So hat Jesus, in dem »Gott die Welt so sehr geliebt hat« (Joh 3,16), sich nicht dem Schmerz des Liebens verweigert.

Hier liegt auch der Unterschied von Verliebtheit und Liebe. Liebe ist nicht nur eine Gunst, ein Geschenk, eine Verzückung, sondern auch eine Kunst. Sie bedarf des täglichen Mühens, der Aufmerksamkeit, der Rücksichtnahme, der Geduld, des Verzichts, des wirklichen Freilassens. Hier fügt sich auch die Kennzeichnung der ignatianischen Liebe als einer »discreta caritas« ein, d.h. einer klug unterscheidenden Liebe. In diesem Sinne ist Liebe nicht blind, sondern macht sehend für die Wirklichkeit des anderen. Was für den anderen blind macht, ist der eigene Egoismus, die Ichbefangenheit. Es ist oft ein schmerzlicher Prozeß, Angstschwellen zu überwinden und sich für das Du zu öffnen: Die Liebe hat ihre Geburtsschmerzen; nur durch sie kann der Mensch »ganz Liebe« werden.

Das Hingabe-Gebet

Es gibt viele Weisen, einen Text, ja ein menschliches Leben in Worten zusammenzufassen: Ein Testament, ein Merksatz, eine Präambel, ein Glaubensbekenntnis, ein Nachwort kann dies tun. Aber am persönlichsten geschieht es wohl in der Form eines Gebetes. Ein solches Gebet, das nicht nur einen Text, nämlich das Exerzitienbuch, sondern zugleich die Lebensdynamik des Ignatius zusammenfaßt, ist sein Hingabe-Gebet, das »Suscipe«. Es steht im Exerzitienbuch in der Schlußbetrachtung »zur Erlangung der Liebe« (234):

»Nimm hin, Herr, und empfange meine ganze Freiheit,
mein Gedächtnis, meinen Verstand und meinen ganzen Willen,
meine ganze Habe und meinen Besitz;
Du hast es mir gegeben, Dir, Herr, gebe ich es zurück;
alles ist Dein, verfüge nach Deinem ganzen Willen;
gib mir Deine Liebe und Gnade, das ist mir genug.«

Wer dieses Gebet verstehen kann, der spürt sozusagen den geistlichen Pulsschlag von Ignatius. Diesem Verstehen kann sich manches entgegenstellen. Das zeigen Aussagen zu diesem Gebet wie: »Ich fühle mich überfordert!« – »Soll die Hingabe meines Verstandes bedeuten, ich sei zu einem Irrenhausaufenthalt bereit?« – »Ich kann im Augenblick nicht mehr so beten, seit ich auf den Bescheid warte, ob ich Krebs habe.«

Beim genauen Lesen des Suscipe-Gebetes fällt auf, daß es mit einer Bitte beginnt. Das Hingabe-Gebet ist also ein Bittgebet. Ignatius will und kann sich Gott nicht eigenmächtig aufdrängen. Er weiß, daß er nicht geben kann, wenn Gott nicht empfängt. So wählt er jene Form der Rede, die den anderen freiläßt, die Bitte.

Diese Bitte ist ein *universales, radikales* und *personales* Angebot. Universal, weil es alles umfaßt: materiellen Besitz und geistig-seelische Fähigkeiten. Radikal, weil es nicht nur von allem »ein bißchen« abgibt, sondern bis zur Wurzel hin alles. Personal, weil Ignatius nicht nur dieses und jenes anbietet, sondern seine eigene Person die Gabe ist. Alles soll in Dienst genommen werden können.

Es ist tröstlich und ermutigend zu wissen, daß dieses Gebet eine lange Geschichte hat. Es ist durch viele Fragen, Kämpfe, Nöte und Zweifel hindurchgegangen und wurde so zum immerwährenden Gebet, zum Lebens-Gebet des Ignatius.

Dieses Lebens-Gebet hat verschiedene Klänge, je nach der inneren und äußeren Lebenssituation:

Es kann den Klang eines Schöpfungsliedes haben und ausdrücken, daß die ganze Schöpfung ein ständiges Nehmen und Geben, Empfangen und Weitergeben ist.

Es kann die Bereitschaft zeigen, sich alle Schulden wegnehmen zu lassen. In einem bewegenden Erlebnis des Kirchenvaters Hieronymus kommt dies zum Ausdruck. Der 80jährige fragte betend in der Geburtsgrotte in Betlehem, was er Gott als Antwort auf dessen Gabe, das Gotteskind, geben könne. Darauf vernahm er innerlich die Worte: »Gib mir Deine Sünden!« Da hat er geweint... – so wie auch Ignatius immer wieder, überwältigt von seinem guten und barmherzigen Gott, geweint hat.

Das Suscipe-Gebet kann die Bereitschaft zur Nachfolge ausdrücken: »Herr, ich will dir folgen, wohin du auch gehst! Auch wenn ich keine Höhle zum Schlafen habe wie die Füchse!« Dies ist die Sprache der unbedingten Liebe. Mag sie auch überschwenglich klingen, mag es auch Inkonsequenzen auf dem Nachfolgeweg geben – Liebe, die sich selbst ernst nimmt, kann manchmal nicht anders als so sprechen. Ein bekanntes, kurzes Gebet des Nikolaus von der Flüe atmet diesen Geist:

»Mein Herr und mein Gott, nimm alles von mir, was mich hin-
dert zu dir.
Mein Herr und mein Gott, gib alles mir, was mich fördert zu dir.
Mein Herr und mein Gott, nimm mich mir und gib mich ganz
zu eigen dir.«

Im Blick auf diese Geste der Hingabe ist es wichtig, daran
zu erinnern, daß das große Wort »Nimm alles hin...« eine
Antwort ist. Es ist Antwort auf die empfangenen Wohltaten, ja auf die Hingabe Gottes selbst, »der danach verlangt,
Sich selbst mir zu schenken, soweit Er es nur vermag« (EB
234). Von daher ist die »unbescheidene« Bitte am Ende des
Gebetes zu verstehen: »Gib mir Deine Liebe und Gnade,
das ist mir genug.« – So sprechen von Gott berührte Menschen. »Gott allein genügt«, sagt Teresa von Avila. Mary
Ward meint dasselbe mit den Worten: »Begnüge dich mit
nichts, das weniger ist als Gott.«
Im Blick auf den Gott, der sich in Jesus Christus ganz der
Menschheit hingibt, kann das Hingabe-Gebet mit aller Be-
hutsamkeit auch als »Hingabe-Gebet« und »Bitte« Gottes
an den Menschen gelesen werden:
Nimm hin, o Mensch,
meine Freiheit: ich lasse mich von dir betören, fesseln, in
Ketten schlagen und ans Kreuz fixieren;
mein Gedächtnis: ich lasse mich erfüllen von deiner Geschichte und meiner Geschichte mit dir;
meinen Verstand: meinen Christus-Logos schenke ich dir
zum Heil;
meinen ganzen Willen: ich gehe dir nach auf all deinen
Wegen und Irrwegen;
meine ganze Habe und Besitz: nimm die ganze Schöpfung
als meine Hochzeitsgabe; »alles, was mein ist, ist dein!«;
verfüge nach deinem Willen: lebe aus deiner Freiheit, deiner Herzenssehnsucht und traue dich, mich um alles zu
bitten;
gib mir, o Mensch, deine ganze Liebe,
das ist mir genug!

In einem Gespräch mit einem Mitbruder über Unterschiede im Charakter und in der Spiritualität der Heiligen teilte dieser die Beobachtung mit: Im Gegensatz zur »Kleinen Therese« tauche bei Ignatius nie die Vorstellung von der Kindschaft und Kindlichkeit des Menschen vor Gott auf. Ignatius steht vor allem die »Majestät« Gottes, Seine unendliche Größe, Herrlichkeit und Macht vor Augen. Diesem Gott, dem Schöpfer und Herrn aller Dinge, begegnet der Mensch mit Ehrfurcht und unendlichem Staunen. Vor Ihm ist er »entzückter Staub« (Nelly Sachs).

Um so erstaunlicher mag es erscheinen, daß Ignatius gelegentlich von der familiären Beziehung zu Gott, der »familiaritas cum Deo«, spricht. Nirgendwo wird diese Vertrautheit mit Gott so deutlich wie am Ende des »Berichtes des Pilgers«. Ignatius erzählt dort seinem Mitbruder, Pater Gonçalves: »Seine Andacht habe immer mehr zugenommen, das heißt: die Leichtigkeit, mit Gott in Verbindung zu treten, und diese sei jetzt größer als je sonst in seinem ganzen Leben. Immer und zu jeder Stunde, wann er Gott finden wolle, könne er Ihn finden« (PB 99).

Scheint hier nicht ein geradezu kindlicher Umgang mit Gott durch? Immer ist ein offenes Ohr, eine offene Tür da. Ignatius fühlt sich bei Gott daheim. Wie Mary Ward, eine ihm nahe Geistesverwandte, könnte er von der Gnade des »freien Zugangs zu Gott« sprechen. Etwas von diesem freien Umgang zeigt sich in der Einladung zum »Zwiegespräch« in den Exerzitien: »Das Zwiegespräch vollzieht sich durch eigentliches Sprechen, so wie ein Freund zu einem andern spricht oder ein Diener zu seinem Herrn« (EB 54). Ignatius läßt offen, wie ein Mensch sich gerade in seiner Beziehung zu Gott erfährt – mehr als ein »armseliges und unwürdiges Knechtlein« (EB 114) oder eben auch als Freund. »Freundschaft mit Gott« – dieses Wort, das Teresa von Avila sehr kostbar für die Gottesbeziehung war, ist auch für Ignatius eine Weise der Beziehung zu Gott.

Verschlägt es uns bei dieser Einladung nicht den Atem? Erscheint uns solches Reden nicht als anmaßend, indiskret, ja aufdringlich? Ist Gott nicht der »ferne Gott«? Wie kann man in einer Zeit, die das Wort vom »Tod Gottes« erfunden hat, so reden und empfinden? – Aber lebt nicht in uns heute auch unaufgebbar die Sehnsucht nach freundschaftlicher, ja familiärer Vertrautheit mit Gott? Ist nicht die Entdeckung der Geschwisterlichkeit der Christen und aller Menschen als der Söhne und Töchter Gottes Zeugnis für geschenkte Gottesahnungen? Wächst nicht die Sehnsucht, Kirche immer mehr als »Familie Gottes« zu erfahren? – Familie ist eine sehr frühe, einfache und biblische Weise, die Jüngergemeinde zu erleben und zu sehen: »Die den Willen des Vaters tun, die sind mir Mutter und Bruder und Schwester« (Mk 3,35). So sagt Jesus – er, der Gott mit dem vertraulichen, kindlichen, familiären »Abba«, d.h. »Papa«, anredet.

In der Familie Gottes gibt es viele Farben und Schattierungen in den Beziehungen: die Kinder, die unbekümmert um religiöse Knigge-Vorschriften der Erwachsenen Nähe und Liebe suchen; die liebende Beziehung von Braut und Bräutigam; die Treue und den verläßlichen Dienst der »Knechte und Mägde«; und es gibt vor allem auch das Wachstum und Geschenk von Freundschaft: »Nicht mehr Knechte nenne ich euch, sondern Freunde, weil ich euch alles geoffenbart habe, was ich von meinem Vater gehört habe« (Joh 15,15).

Im Umgang mit Menschen warnte Ignatius immer wieder vor allzu großer Vertraulichkeit – in seiner Gottesbeziehung aber gibt es eher Familiarität. Er war bei Gott zu Hause. Er wußte: Hier darf ich sein, wie ich bin; hier sind Fassaden weder nötig noch möglich; hier lebe ich im unendlichen Ja der Liebe Gottes. Er hatte auf seine Weise gefragt: »Meister, wo wohnst du?« – und die Antwort gehört: »Komm und sieh!« Er ging durch »die *Tür*«, Christus, den freien Zugang, in Gottes Wohnung.

Leben im Heiligen Geist

Geist

Wenn eine Situation sehr schwierig ist, sagt man oft, sie sei »brenzlig«, d.h. es bestehe Brandgefahr. Solch eine brenzlige Situation im wahrsten Sinn des Wortes gab es einmal in einem Gespräch zwischen dem Generalvikar Figueroa und Ignatius:

»›Wir möchten klar wissen, ob man bei uns irgendeine Irrlehre entdeckt hat.‹ – ›Nein‹, antwortete Figueroa; ›denn wenn man eine fände, würde man euch verbrennen.‹ – ›Auch Euch selbst würde man verbrennen‹, erwiderte der Pilger, ›wenn man eine Häresie bei Euch entdeckte‹« (PB 59).

Wort und Antwort lassen hier an Deutlichkeit nichts zu wünschen übrig. Was aber ist der Hintergrund dieser »brenzligen Situation«? Er wird aus einem anderen Gespräch, das Ignatius mit einem Dominikaner führte, deutlich:

»›Ihr seid nicht wissenschaftlich gebildet‹, meinte der Mönch, ›und da redet ihr über Tugend und Laster? Aber darüber vermag man nur unter einer der folgenden zwei Voraussetzungen zu sprechen: entweder ist man gebildet oder vom Heiligen Geist geführt. Nun seid ihr aber nicht vorgebildet; also sprecht ihr in der Kraft des Heiligen Geistes. Und gerade über diesen Punkt der Führung durch den Heiligen Geist wollen wir noch etwas mehr hören.‹ Da wurde der Pilger ein wenig stutzig, da ihm eine solche Art Beweisführung nicht recht erschien« (PB 65).

Diese Passage aus dem »Bericht des Pilgers« von Ignatius läßt zum einen erkennen, wie man Glaubensgespräche eher nicht führen sollte, und zum anderen, wie gefährlich es manchmal sein kann, vom Heiligen Geist zu reden. Es gab zur Zeit des Ignatius viele sogenannte »Erleuchtete«,

»Alumbrados«, die nicht nur Licht, sondern auch viel Irrlicht und Dunkelheit in die Kirche brachten.

Ignatius hatte später in seinem Orden mit solchen Menschen zu tun und mußte in diesem Sinn die »Geister unterscheiden«: Ein sehr intelligenter und tadelloser Mitbruder z.B. gab an, er habe durch den Geist Gottes den Geist des Paulus in sich; Paulus sei ebenso Apostelfürst wie Petrus; die Amtsautorität leite sich von Petrus her und er seine eigene von Paulus – und daher brauche er seinen Oberen keinen Gehorsam zu leisten! Die Folge dieser Beweisführung, von der sich der Mitbruder nicht abbringen ließ, war dessen Entlassung. – Das »Problem mit dem Heiligen Geist« scheint zu sein, daß es nicht immer leicht ist, wie es heißt, den eigenen Vogel von der Heilig-Geist-Taube zu unterscheiden.

Vor dem Hintergrund dieser Erfahrungen ist es verständlich, daß Ignatius nicht oft vom Heiligen Geist spricht. Trotzdem ist er ein vom Heiligen Geist erfüllter Mensch und ist der Geist Gottes in seinem Leben und seinen Briefen und anderen Schriften gegenwärtig, wie die Luft zum Atmen: Die Gespräche, die er führt und in denen er und alle Teilnehmer aufleben, werden ausdrücklich als »geistliche Gespräche« charakterisiert. Er sucht für sich selbst immer wieder, wenn auch mit wenig Erfolg, geistliche Begleitung. Seine ständige Frage nach dem Willen Gottes ist immer die Frage nach der Führung durch den Heiligen Geist. Sein Exerzitienbuch besteht aus lauter »geistlichen Übungen«. Die »Unterscheidung der Geister« nimmt einen breiten Raum ein bzw. ist ein ihn ständig begleitendes Geschehen. Die eigentliche Dynamik seines Lebens geht immer mehr in die Richtung von »Demut, Liebe und Geduld«, und eben dies sind in der Sprache der Hl. Schrift die »Früchte des Geistes«, die das »Leben im Heiligen Geist« hervorbringt. In diesem Heiligen Geist ist Christus gegenwärtig. Wer Christus sucht, muß sich offenhalten für die Wirkungen des Geistes im eigenen Leben.

Die Allgegenwärtigkeit des Heiligen Geistes wird in einer

Formulierung im Exerzitienbuch besonders deutlich ausgedrückt: Es ist derselbe Geist, der den Bund am Sinai stif-
tete, der in Christus wohnt, der die Kirche belebt und der
jeden einzelnen Menschen zu seinem Heil hinführt (vgl.
EB 365). Der Heilige Geist läßt sich nicht »auseinanderdivi-
dieren«; er befindet sich nicht im Widerspruch mit sich
selbst.

Die ignatianische »Lehre« vom Heiligen Geist ist universal. Vielleicht bewahrte diese Universalität Ignatius vor einer falschen Radikalität, die den Heiligen Geist fanatisch
nur für die eigenen Ideen in Anspruch nimmt und ihn anderen abspricht. Ignatius dachte so pluralistisch vom Heiligen Geist, daß es ihm sogar möglich schien, daß der Geist
Gottes in der gleichen Sache verschiedenen Menschen Ver-
schiedenes eingeben kann und dies doch nicht als ein Widerspruch angesehen werden muß: Der Geist führt verschieden und auf vielen Wegen!

Karl Rahner SJ beschreibt einmal, wie dieser Geist, der auf
verschiedenen Wegen führt, nicht nur in Stunden der Begeisterung und Beseligung, sondern in alltäglichen Situationen und gerade auch in dunklen Stunden gegenwärtig
ist:

*»Haben wir schon einmal verziehen, obwohl wir keinen Lohn
dafür erhielten und man das schweigende Verzeihen als selbstverständlich nahm? Haben wir schon einmal gehorcht, nicht
weil wir mußten und sonst Unannehmlichkeiten gehabt hätten,
sondern bloß wegen jenes Geheimnisvollen, Schweigenden, Unfaßbaren, das wir Gott und seinen Willen nennen? ... Haben wir
uns schon einmal zu etwas entschieden, rein aus dem innersten
Spruch unseres Gewissens heraus, dort, wo man es niemand
mehr sagen, niemand mehr klarmachen kann, wo man ganz ein-
sam ist und weiß, daß man eine Entscheidung fällt, die niemand
einem abnimmt, die man für immer und ewig zu verantworten
hat? ... Waren wir einmal gut zu einem Menschen, von dem kein
Echo der Dankbarkeit und des Verständnisses zurückkommt
und wir auch nicht durch das Gefühl belohnt werden, ›selbstlos‹,
anständig usw. gewesen zu sein?*

... Suchen wir die eigenen Erfahrungen, in denen gerade uns so etwas passiert ist. Wenn wir solche finden, haben wir die Erfahrung des Geistes gemacht, die wir meinen. Die Erfahrung der Ewigkeit, die Erfahrung, daß der Geist mehr ist als ein Stück dieser zeitlichen Welt...
Von da aus können wir verstehen, was für eine geheime Leidenschaft in den eigentlichen Menschen des Geistes und in den Heiligen lebt« (Karl Rahner, Schriften zur Theologie, Bd. III, Einsiedeln 1956, S. 106f).

Freunde im Herrn

»Freunde im Herrn« lautete die Bezeichnung, die sich Ignatius und seine Weggefährten selber gaben. Der Weg zu dieser »Freundschaft im Herrn« begann damit, daß die Gefährten durch die Exerzitien, die Ignatius ihnen gab, die Freundschaft Gottes, seine jedem einzelnen ganz zugewandte und geschenkte Liebe kennenlernten. Diese Freundschaft zu Gott, zum Herrn, zu Jesus verwandelte ihr Leben. Daraus erwuchs dann die Beziehung, die Freundschaft zueinander. Simon Rodriguez, einer der ersten Gefährten, schreibt darüber im Rückblick:

»Nachdem ein jeder von ihnen aus eigener Bewegung und spontan für sich selbst den Beschluß gefaßt hatte, sich dem Dienst Gottes und dieser Lebensweise zu widmen, wurde es erst einem jeden deutlich, daß es auch andere gab, die sich selbst ganz dieser Lebensweise verschrieben hatten.«

Daraus wird deutlich, daß am Ursprung der »Freunde im Herrn« nicht eine gegenseitige Bekanntschaft, die wechselseitige Anziehung und Sympathie lag. »Prinzip und Fundament« ihrer Zusammengehörigkeit war die gemeinsame Zugehörigkeit zu Jesus, der Dienst, in den sie sich gerufen fühlten, und ihre gemeinsame geistliche Lebensausrichtung.

Juan de Polanco, der spätere Sekretär von Ignatius, beschreibt ganz konkret, wie das gemeinsame Leben auf dem einmal gelegten Grund wuchs:

»Die zweite Weise, um diese Gefährten beieinanderzuhalten, war die gegenseitige Vertraulichkeit und die vielfältige gegenseitige Kommunikation. Da sie nicht in dem selben Hause wohnten, hatten sie die Gewohnheit, bald bei dem einen, bald bei einem anderen wegen der gegenseitigen Zuneigung das Mahl einzunehmen und einander in geistlichen wie auch in zeitlichen Dingen beizustehen. So nahm die gegenseitige Zuneigung in Christus zu. Auch halfen diese Zusammenkünfte in nicht geringem Maße beim Studieren. Wer auf einem bestimmten Gebiet mehr Talente hatte als ein anderer, half dem, der weniger davon erhalten hatte.«

Man könnte sagen, daß die Zeit in Paris und dann in Venedig die Zeit der ignatianischen »Urgemeinde« gewesen sei. Dort wurden sie »ein Herz und eine Seele«, wie es von der Urgemeinde in Jerusalem heißt (Apg 2,45). Dies war die Zeit, in der sie alles gemeinsam hatten und miteinander teilten: das Essen, die geistigen Güter, die Wege, die Gefährdungen, die Anfeindungen, das Ziel Jerusalem, den Willen zur Seelsorge.

Sicher nahm die Art des Zusammenseins andere Formen an, als die »Freunde im Herrn« zu einer Ordensgemeinschaft wurden. Aber das Fundament ihres Zusammenseins blieb dasselbe: Jesus Christus. Dies ist der Grund, warum sie sich den Namen »Gesellschaft Jesu« gaben.

Das Noviziat mit seinen Experimenten sollte die Erfahrung der ignatianischen »Urgemeinde« an die Kommenden weitergeben. Durch die Ermunterung, sich Briefe zu schreiben, durch die Einladung zur gegenseitigen »brüderlichen Korrektur«, durch das Gebet, durch die gemeinsame Arbeit, auch durch die Hilfe der Lebensregeln und eines ausdrücklich gepflegten Stils der gemeinsamen Vorgehensweise suchten die Gefährten das Geschenk der Freundschaft im Herrn weiterzugeben.

Eine ignatianische Gemeinschaft steht unter einer starken inneren Spannung: Sie ist und will sein »Gemeinschaft in Sendung«. Dienst und Gemeinschaft sind nicht immer einfach zu vereinen. Das spürt eine Jesuitengemeinschaft, die sich als »apostolische Kommunität«, d.h. als Zusammenkunft (Konvent) von Auseinandergeschickten (Aposteln) versteht. Diese Spannungen spüren auch alle, die in einer Familie leben und sich zugleich in ihrem Beruf oder in einer geistlichen Gemeinschaft oder in einer Pfarrei engagieren. »Ausgebrannt« ist ein spirituelles Modewort – aber auch ein ernstes Warnsignal, das anzeigt, daß die Freundschaft zum Herrn und die Freundschaft untereinander durch ein Übermaß an Arbeit und durch Aktionismus gefährdet ist.

Im Evangelium wird Freundschaft und Dienst zusammengesehen. Das »Gefälle« geht auf die Freundschaft hin: »Nicht mehr Knechte nenne ich euch, sondern Freunde, weil ich euch alles offenbart habe, was ich vom Vater habe« (Joh 15,15). Freundschaft wächst durch Offenheit, im gegenseitigen Mitteilen und im gemeinsamen Hören auf Gottes Wort. Im Sterben und Auferstehen Jesu Christi, der selbst das Wort Gottes ist, offenbart sich die göttliche Herrlichkeit, die das »Bindemittel« jeder christlichen Gemeinschaft ist: »Und ich habe ihnen die Herrlichkeit gegeben, die du mir gegeben hast; denn sie sollen eins sein, wie wir eins sind, ich in ihnen und du in mir« (Joh 17,22).

Von den »Freunden im Herrn«, von jeder »Gesellschaft Jesu« gilt: »Er rief, die er wollte, zu sich, damit sie bei ihm seien und er sie ... sende« (vgl. Mk 3,13–4).

Kommunikation

Wenn die Bischöfe und Theologen sich während des II. Vatikanischen Konzils jeden Abend in kleinen Gruppen getroffen und über die Weise ihres Umgangs miteinander ausgetauscht hätten – dann hätten sie genau das getan, was Ignatius von Loyola seinen drei Mitbrüdern, die am Trienter Konzil teilnahmen, im Jahr 1546 aufgetragen hatte! Diese Tatsache kann auch für Verehrer des Heiligen fast zu einer Offenbarung werden: Ignatius ist nicht nur der bekannte und anerkannte Verfasser des Exerzitienbuches. Er ist ebenso ein Meister der Kommunikation.

Das wohl eindrucksvollste und kompakteste Dokument für diese Meisterschaft von Ignatius – heute würde man sagen für seine »kommunikative Kompetenz« – sind seine »Winke für das Verhalten«, d.h. seine Hinweise für die Kommunikation, die er den Patres Laynez, Salmerón und Jay für das Trienter Konzil mitgibt. Ihrer grundlegenden Bedeutsamkeit wegen soll der ganze Brief zitiert werden:

»† Jhs. Winke für das Verhalten

1. Beim Gespräch und Umgang mit vielen Menschen kann man mit Gottes Hilfe viel für ihr Seelenheil und ihren geistlichen Fortschritt erreichen; umgekehrt kann aber auch durch uns bei solcher Unterhaltung viel verdorben werden, wenn wir nicht wachsam sind, und ohne den Beistand unseres Herrn...

2. Deshalb wäre ich [an Ihrer Stelle] langsam, bedächtig, liebevoll im Sprechen, besonders wenn es sich um die Erklärung von Dingen handelt, die auf dem Konzil behandelt werden oder deren Behandlung noch in Aussicht steht.

3. [Nochmals,] ich wäre langsam im Sprechen, würde beim Zuhören zu lernen suchen und bliebe dabei innerlich ruhig, um die Gedanken, Gefühle und Absichten der Sprecher aufzufassen und hernach um so besser zu antworten, bzw. um so besser zu schweigen.

4. Mag man gleiche oder entgegengesetzte Ansichten vertreten, gebe man [stets] die Gründe dafür und dagegen, um sich nicht vom eigenen Urteil voreingenommen zu zeigen, und man trage Sorge, niemanden zu verärgern.

5. Ich würde mich nie auf irgendwelche [lebende] Personen berufen, am allerwenigsten auf solche von hohem Rang, es sei denn in Dingen, die schon reiflich durchberaten sind, so daß man im

Sinne aller spricht und für niemand [Bestimmten] leidenschaftlich Partei ergreift.

6. Ist der in der Rede stehende Stoff so klar, daß man nicht schweigen kann und darf, so gebe man doch sein Gutachten mit größtmöglicher Ruhe und Bescheidenheit und schließe mit einer Wendung, daß man sich dem Urteil besser Unterrichteter unterwerfen will.

7. Endlich: um Fragen des geistlichen Lebens, der Aszetik oder der Mystik im Gespräch richtig zu behandeln, wenn man schon darüber sprechen will, ist es sehr förderlich, nicht auf seine Zeit oder Zeitmangel wegen anderer Beschäftigungen, mit andern Worten nicht auf seine eigene Bequemlichkeit zu achten, sondern sich dem Bedürfnis und der Art jenes anzupassen, mit dem man zu sprechen vorhat; dann wird man zur größeren Ehre Gottes auf ihn Einfluß gewinnen.

Für den eigenen Fortschritt

Sie werden sich abends die Zeit zu einer gemeinschaftlichen Besprechung nehmen, um zusammen durchzugehen, was den vergangenen Tag geschah und was man sich für den folgenden zum Ziel setzen soll. Über das Getane oder noch zu Tuende werden Sie sich durch Abstimmung oder sonstwie einigen.

Am Abend bitte jeweils einer die andern Gefährten, daß sie ihn auf alles, was an ihm aufgefallen sein mag, brüderlich aufmerksam machen, und wenn einem etwas gesagt wird, soll er nichts entgegenhalten, es sei denn, daß man ihn auffordere, das, was man an ihm rügte, näher zu erklären. Am folgenden Abend mache es der zweite ebenso und so fort, damit sich alle gegenseitig in der brüderlichen Liebe und im guten Rufe bei den Mitmenschen fördern.

Am Morgen Vorsatz, und zweimal täglich Selbstprüfung!

Diese Ordnung beginnt innerhalb der ersten fünf Tage nach der Ankunft in Trient in Geltung zu treten.

Amen«

(Zitiert nach: Ignatius von Loyola, Trost und Weisung. Geistliche Briefe. Hg. von Hugo Rahner, neu bearb. von Paul Imhof, Zürich ²1989, S. 89–91).

Wenn man sich daran erinnert – und bei Ignatius muß man dies immer wieder tun –, daß für ihn jedes Wort bedeutungsvoll ist, dann ist dieser Brief eine kurzgefaßte Theorie und zugleich Praxisanleitung ignatianischer Kommunikation. Sie besagt:

– Die Weise, wie man miteinander umgeht, ist höchst bedeutsam für die Weitergabe des Glaubens und für Entscheidungsprozesse.

– Wachsamkeit, Achtsamkeit, Aufmerksamkeit und der Beistand des Heiligen Geistes bilden die Grundlage gelungener Kommunikation.

– Es gibt einen Primat des Hörens, d.h. des Empfangens: Erst wer hören kann, kann auch wirklich sprechen, antworten – sonst ist er ein bloßer »Lautsprecher« oder ein bloß reflektierendes Echo.

– Beim Gespräch geht es darum, die Gedanken, d.h. den objektiven Inhalt, dann die Gefühlswelt des Sprechenden und schließlich seine eigentliche, oft unter den Worten verborgene Botschaft wahrzunehmen und zu verstehen. Dies kann nur geschehen, wenn man immer wieder auf die eigene innere Freiheit und Ruhe achtet – sonst nimmt man den anderen so verzerrt wahr, wie bewegtes Wasser die Umwelt gebrochen widerspiegelt.

– Es geht nicht um das Durchsetzen der eigenen Meinung oder eines bloßen Parteiinteresses, sondern um die sorgsame gemeinsame Suche nach dem, was sich als die Wahrheit, als das bessere Gut zeigen will.

»Typisch Ignatius« ist es, daß er nicht nur Regeln an die Hand gibt, sondern auch gleich Hinweise zur Einübung: Jeden Abend sollen sich die drei Gefährten ein feed-back, d.h. eine Rückmeldung, geben; jeder soll sich schon am Morgen auf die Begegnungen am Tag einstellen und sich zweimal am Tag bewußt fragen, wie es ihm in den Gesprächen, bei den Vorträgen usw. ging.

Es gäbe eine Fülle zur ignatianischen Kunst der Kommunikation zu sagen: zu seinen Hinweisen über das Verfassen der Briefe, die der Kommunikation in der rasch wachsenden Gesellschaft Jesu dienen sollten; zu seinen Hinweisen zur »brüderlichen Zurechtweisung« und deren wichtigen Voraussetzungen; zur Beachtung des Charakters des jeweiligen Gegenübers; zu seiner eigenen außergewöhnlichen Fähigkeit im Umgang mit Menschen. All diese und viele andere Hinweise gehören zu den zumeist noch ungehobenen Schätzen der ignatianischen Spiritualität.

Die Anfänge dieser Kunst der Begegnung lernte Ignatius sicherlich durch seine Ausbildung am Hof. Mehr noch aber lernte er sie durch seine Erfahrung in geistlichen Gesprächen in kleinen Gruppen und in der Einzelbegleitung in Exerzitien. Zu den bekannten Bemerkungen zur Kommunikation gehört die Vorbemerkung im Exerzitienbuch:

»Damit sowohl der, welcher die geistlichen Übungen gibt, wie der, welcher sie macht, sich gegenseitig mehr helfen und nützen, müssen sie voraussetzen, daß jeder gute Christ mehr dazu bereit sein muß, die Aussage des Nächsten für glaubwürdig zu halten als sie zu verurteilen« (EB 22).

Welche Vorzeichen für ein Gespräch! Es gibt nicht die einseitige Beziehung von dem, der bloß gibt, zu dem, der bloß empfängt, sondern beide nützen sich in der geistlichen Begegnung gegenseitig. Und wie sehr wird hier das Vorschußvertrauen als tragende Basis für jedes Gespräch angesehen: Sozusagen bis zum Beweis des Gegenteils darf und muß der andere immer »im guten Sinn« verstanden werden! – Die Exerzitien sind der Ort, an dem auch deutlich wird, daß es bei der ignatianischen Kunst der Kommunikation im letzten darum geht, zu einer immer tieferen Gemeinschaft untereinander und mit dem zu kommen, der in seiner göttlichen, dreieinigen Liebe selbst vollkommene Communio ist.

Auch Auslosen kann eine gute Weise sein, in einer Gemeinschaft eine Entscheidung zu treffen – so geschehen bei der Nachwahl von Matthias in den Zwölferkreis der Apostel. Das Los entschied zwischen ihm und Josef »dem Gerechten« (vgl. Apg 1,15–26). Die Urgemeinde kennt auch andere Weisen der Entscheidungsfindung – am bekanntesten dürfte das Apostelkonzil sein. In Gebet, in freier Rede, in harter Auseinandersetzung vor allem zwischen Paulus und Petrus, in »Lokalterminen« und durch die Erfahrung des Heiligen Geistes fiel die Entscheidung, den Heiden nicht den »Umweg« über das Judentum vorzuschreiben, wenn sie sich taufen lassen wollten. »Der Heilige Geist und wir haben beschlossen...« (Apg 15,28), so lautet die Kurzformel für diese bedeutsame Entscheidung der jungen Christengemeinde.

In unserer Gesellschaft, die als Kommunikationsgesellschaft gekennzeichnet wird und die ständig nach Formen von Mitwirkung und Mitentscheidung sucht, steht auch in der Kirche, die sich als »Communio«, als geschwisterliche Kirche, immer tiefer zu verstehen sucht, die Frage nach hilfreichen Weisen geistlicher Entscheidungsfindung immer dringender an. Eine wichtige Hilfe können da Ignatius und seine ersten Gefährten geben. Sie haben ein gutes Stück geistlicher Entscheidungskultur gepflegt, von der die 33. Generalkongregation der Gesellschaft Jesu im Jahr 1983 sagt: »Wir müssen die apostolische Methodik (der gemeinsamen Entscheidungsfindung, der ›deliberatio communitaria‹) des heiligen Ignatius uns schrittweise neu aneignen.«

Für eine gemeinsame geistliche Entscheidung gibt es zunächst einige *geistige Voraussetzungen:*

– Als erstes bedarf es der Hochschätzung eines solchen, oft auch mühsamen Geschehens. Erst wenn Entscheidungsprozesse in einer christlichen Gruppe als »normale« Lebensäußerung des gemeinsamen Lebens im Heiligen Geist angesehen werden, ist die psychologisch-geistliche Voraussetzung gegeben, sie sinnvoll durchzuführen. Erst wenn eine Gruppe nicht mehr hauptsächlich als Störung auf dem individuellen Weg erlebt wird, sondern als lebendiger christlicher Begegnungsraum, als »Volk Gottes«, als »Leib Christi«, kann gemeinsames Entscheiden neben der Mühe auch tiefe Freude machen.

– Es muß ein Gespür für die Vielschichtigkeit der Ebenen eines gemeinsamen Entscheidungsgeschehens gegeben sein:

Es gibt die Ebene der sachlichen Klärung, der Information, der Kompetenz der Teilnehmer.

Es gibt sehr persönliche Aspekte wie Vorlieben, Abneigungen, Befürchtungen, Ängste und Hoffnungen, die bei den einzelnen sehr verschieden sein können.

Es gibt den Gruppenprozeß, in dem Fragen des Vertrauens, der Macht, der Einflußnahme, der Parteiungen usw. eine Rolle spielen.

Es gibt die Ebene verschiedener Methoden und Strukturen für die Entscheidungsfindung, die das Geschehen beeinflussen.

Es gibt schließlich die ausdrücklich geistliche Ebene, auf der nachgeprüft wird, ob Antriebe, Kräfte und Motive, denen der einzelne und die Gruppe ausgesetzt sind, aus Glauben, Hoffen und Lieben kommen und zum größeren Dienst und Lobpreis Gottes führen.

– Jeder einzelne Teilnehmer muß eine angemessene Urteils-, Artikulations-, Konsens- und Konfliktfähigkeit haben bzw. immer besser zu entwickeln suchen. Andernfalls können negative Emotionen, fixe Ideen, Halsstarrigkeit, Aggressivität und Lethargie den Weg der Gruppe enorm blockieren.

Ebenso ist für eine ganzheitliche und geistliche Entscheidungsfindung die Offenheit und Aufmerksamkeit für äußere Ereignisse, für innere Bewegungen und für das Geheimnis Gottes in allem (vgl. Kol 1,12–20) bedeutsam.

In der »schrittweisen« Neuentdeckung der ignatianischen

Entscheidungsfindung ist es hilfreicher, sich mit einzelnen Elementen anzufreunden, als einem exakten, ausgearbeiteten System zu folgen. Dies entspricht zum einen mehr der Lernsituation und zum anderen waren Ignatius und seine Gefährten nicht bloße Systematiker, sondern benutzten intuitiv und gezielt verschiedenste Weisen der Entscheidungsfindung: das einfache Gespräch, das tagelange Umgehen mit gemeinsamen Fragen neben der Arbeit und ein abendlicher Austausch darüber, Rückzug in die Stille und Einsamkeit, sorgsames Abwägen der Vor- und Nachteile verschiedener Alternativen.

Was sind solche *Hilfen*, die bei der Vorbereitung bzw. Durchführung von gemeinschaftlichen, geistlichen Entscheidungsfindungen helfen können?

1. Die Pflege des täglichen »*Gebets der liebenden Aufmerksamkeit*«, wodurch jemand wach wird für das Ineinander von äußeren Ereignissen, inneren Bewegungen und das Geheimnis Gottes.

2. Die Übung der *Auswertung* am Ende von Gruppentreffen. Sie schärft den Sinn für die menschlich-geistlichen Abläufe in einer Gemeinschaft. Oft besteht sie aus den einfachen drei Fragen: Wie ging es mir mit dem Thema bzw. Anliegen? Wie ging es mir mit der Gemeinschaft? Wie ging es mir mit mir selber?

3. Die gelegentliche *gemeinsame Auswertung* mit Hilfe eines Gruppenbegleiters. Dies ist eine Vorform eines Prozeßbegleiters bei einem intensiven und wichtigen gemeinsamen Entscheidungsprozeß.

4. Die Übung des *Anhörkreises*, der eine Einübung in wirkliches Zuhören ist und den weniger redegewandten Gesprächsteilnehmern einen Raum für wertvolle Beiträge schafft.

5. Die wachsende *Erfahrung*, was es heißt, als Gruppe glaubender Menschen zu leben und gemeinsam zu entscheiden.

6. Die Übung, bei gelegentlichen gemeinsamen Entscheidungen bewußt verschiedene *Alternativen zu suchen* und

157

sorgsam miteinander Argumente pro und contra, die verschiedenen Wahlmöglichkeiten, zu sammeln. Wichtig ist dabei, nicht nur für »die eigene« Position Argumente zu suchen, sondern für und gegen alle Alternativen Gesichtspunkte zur Sprache zu bringen. Dies kann helfen, eigene Voreingenommenheiten abzubauen.

7. Sich ausdrücklich bei anstehenden Entscheidungen *Zeiten des Gebets* einräumen. In ihnen gilt es, sich eine geistliche »Auszeit« zu nehmen, die »Ergebnisse« in Gottes Hand zu legen und sich innerlich von »ungeordneten Anhänglichkeiten«, fixen Ideen und Gefühlsblockaden befreien zu lassen.

Das Modell »Hören – Unterscheiden – Antworten«:
Ein einfaches und doch auch anspruchsvolles Modell der Entscheidungsfindung kann in die Grundschritte gefaßt werden: Hören – Unterscheiden – Antworten (vgl. das Modell »Sehen – Urteilen – Handeln«).

Beim *Schritt des Hörens* geht es darum, ein möglichst genaues Bild der Entscheidungssituation zu gewinnen, in der ein einzelner oder eine Gruppe sich befindet. Hier sollen nur Verständnisrückfragen gestellt, nicht Lösungsvorschläge gegeben werden.

Der *Schritt der Unterscheidung* folgt nach einer angemessenen Zeit des stillen, persönlichen Verarbeitens des Gehörten. Er wird ebenfalls in der Zeit stillen Nachdenkens und Nachspürens vorbereitet. Hier geht es um Klärung von entscheidenden Gesichtspunkten, Wertungen, Tendenzen, Dynamiken; auch darum, zu spüren, inwiefern Tendenzen am Werk sind, die dem Evangelium Jesu entgegenlaufen oder im Einklang mit ihm zu sein scheinen.

Nachdem in einem Anhörkreis alle ihren Beitrag geben konnten, wird dies alles in einer Zeit der Stille »verarbeitet« und nach Elementen für eine Antwort gesucht. Diese werden dann wiederum in einem Anhörkreis mitgeteilt. Hierbei geht es vor allem darum, zur Sprache zu bringen, welche Antwort als besonders wichtig erscheint.

In einer abschließenden Stille kann man das Mitgeteilte noch einmal anschauen und auswerten.

Daß es dabei nicht um eine künstliche Methode geht, sondern um einfache Grundschritte menschlichen Entscheidens, zeigt der Blick auf zwei bekannte biblische Entscheidungen:

Samuel hört dreimal im Traum eine Stimme; dann muß er unterscheiden lernen, wessen Stimme er da hört, die des Hohenpriesters Eli oder die Gottes; und schließlich gibt er seine Antwort (vgl. 1 Sam 3,1–18).

Maria hört den Anruf des Engels; dann fragt sie unterscheidend, wie denn die Botschaft wirklich werden könne; und schließlich gibt sie ihre Antwort, ihr Ja zum Wirken der Liebe Gottes in ihr (vgl. Lk 1,26–38). In diesem Sinne sind »Hören – Unterscheiden – Antworten« Grundschritte individuellen und gemeinsamen Suchens nach dem Willen Gottes.

Das innere Gesetz der Liebe

Die christliche Kirche, zumal die Urgemeinde, könnte den jüdischen Gesetzeslehrer Gamaliel als ihren Schutzpatron ansehen. Als einige Apostel dem Hohen Rat zur Verurteilung vorgeführt werden, setzt sich Gamaliel für deren Freilassung ein. Seine entscheidende theologische Argumentation lautet: »Laßt von diesen Männern ab und gebt sie frei, denn wenn dieses Vorhaben oder dieses Werk von Menschen stammt, wird es zerstört werden; stammt es aber von Gott, so könnt ihr sie nicht vernichten; sonst werdet ihr noch als Kämpfer gegen Gott dastehen« (Apg 5,38–39).

Die »Theologie der Gemeinschaft« Gamaliels sagt schlicht: Eine Gemeinschaft, die wirklich ein Werk Gottes, ein »Opus Dei« ist, kommt durch Gott selbst zustande. – Eben dies ist auch die Sicht von Ignatius und der jungen Gesell-

schaft Jesu. Der erste Satz der Konstitutionen des Jesuitenordens lautet dementsprechend:

*»Es ist die höchste Weisheit und Güte Gottes unseres Schöpfers
und Herrn, die diese geringste Gesellschaft Jesu in ihrem heiligen
Dienst bewahren, leiten und voranführen muß, wie sie sich ge-
würdigt hat, sie entstehen zu lassen«* (Konst. 134).

Gottes Geist schafft Gemeinschaft. Menschliche Satzung
soll mithelfen, diese Gemeinschaft zu erhalten:

*»Weil jedoch die freundliche Fügung der göttlichen Vorsehung
von ihren Geschöpfen Mitwirkung erfordert und weil der Stell-
vertreter Christi unseres Herrn es so angeordnet hat und das
Beispiel der Heiligen und die Vernunft es uns in unserem Herrn
so lehren, halten wir es für notwendig, daß Satzungen geschrieben werden«* (Konst. 134).

Konstitutiver noch als eine Satzung ist für eine Gemeinschaft das »innere Gesetz der Liebe« (interna lex caritatis):

*»Von unserer Seite muß mehr als irgendeine äußere Satzung das
innere Gesetz der Liebe und Güte, welches der Heilige Geist in
die Herzen schreibt und einprägt, dazu helfen«* (Konst. 134).

Das »Gesetz der Liebe und Güte« ist die Seele des ganzen
»Satzungsleibes«. Die Kräfte des Herzens schaffen und er-
halten eine Gemeinschaft. Ohne dieses Vorzeichen der Lie-
be sind Regeln und Normen nur ein totes Skelett. Ohne die
Liebe würde das Evangelium zum bloßen Gesetz: »Der
Buchstabe tötet, der Geist aber macht lebendig« (2 Kor 3,6).
Jesus faßt den lebendigen Sinn der Heiligen Schrift in dem
Wort zusammen: »Du sollst den Herrn, deinen Gott, lieben
mit deinem ganzen Herzen... und du sollst deinen Nächsten lieben wie dich selbst« (Mk 12,30–31).
Als ein Vergleichspunkt aus unserem Alltag mag § 1 der
Straßenverkehrsordnung dienen. Er besagt, zusammengefaßt, daß jeder Verkehrsteilnehmer sich so zu verhalten
hat, daß niemand gefährdet wird. Damit ist der Sinn aller
anderen Regeln angegeben. Sie sollen flüssigen Verkehr

ermöglichen und Leben schützen. Im Notfall setzt dieser § 1 alle anderen Paragraphen außer Kraft. Es geht also nicht darum, auf irgendeinem Vorfahrtsrecht zu bestehen, sondern dem Leben »Vorfahrt zu geben«. In Rom, so sagte mir dort ein Taxifahrer, fahre man mehr person- und situationsbezogen als nach den Regeln. Eigentlich gebe es nur eine Regel: nicht auf jemanden oder etwas auffahren, das vor einem auf dem Weg ist.

Obwohl im Grunde gilt: Wer mehr liebt, hat mehr recht, haben auch Regeln ihren Sinn. Sie sind gesammelte Erfahrung und geben die Hilfsmittel auf dem Weg zum Ziel an. Sie geben Beständigkeit und sind Prüfstein, an dem sich Neues als echter Fortschritt zu bewähren hat.

Im Blick auf die ignatianische »Verfassungstheorie« einer Gemeinschaft kann man von einem Dreiklang sprechen: Der Geist Gottes, das innere Gesetz der Liebe und die äußere Verfassung schaffen den »Gemeinschaftsakkord«. Viele Jahre hat Ignatius an dieser Komposition gearbeitet. Auch wenn manches an ihr fremd und »Zeitgeschmack« ist, sie ist ein Meisterwerk.

»Fühlen mit der Kirche«

Ein Jahr lang hat der »geistliche Aussteiger« Ignatius seine Haare nicht geschnitten. Manche mögen sich da in Gedanken mit Schere und Kamm über seinen Haarschopf hergemacht haben. Auch heute noch wird er gelegentlich zurechtfrisiert. So heißt es in einer relativ neuen Ausgabe des Exerzitienbuchs: »Regeln, um das rechte Gespür in der dienenden Kirche zu erlangen«. Genau übersetzt ist da aber die Rede von der »kämpfenden Kirche«, der »ecclesia militans«. Diese »militante« Kirche nennt sich spätestens seit dem II. Vatikanum lieber »dienende Kirche«. Das ist ein geistlicher Fortschritt. Aber dennoch ist die Kirche Jesu Christi, der selbst verfolgt wurde, auch heute noch eine kämpfende und bekämpfte Kirche und wird es bis ans Ende der Weltzeit bleiben müssen (vgl. Joh 15,20).

Das ignatianische Grundwort vom »Fühlen mit der Kirche« einem Menschen von heute zu vermitteln ist schwierig. Unsere Zeit hat den Slogan »Jesus ja – Kirche nein« geprägt; nicht wenige suchen sich durch die Unterscheidung von »Amtskirche« und »Kirche von unten« doch noch einen kirchlichen Bleibeort zu sichern. Ignatius und seinem Orden haftet in puncto Kirchlichkeit das Etikett an, sie hätten die Gegenreformation betrieben und gelehrt, für schwarz zu halten, was weiß ist – und umgekehrt –, wenn es die Kirche befehle. Kann dieser Ignatius uns denn im Blick auf »kirchliche Gesinnung heute« etwas sagen? Vieles sogar – wenn man ihm zubilligt, ein Kind seiner Zeit gewesen zu sein und mit manchen Sichtweisen und Formulierungen nicht mehr unsere Zeit ansprechen zu können. Was an seinen Hinweisen, um das richtige »Spüren mit der Kirche« zu lernen, hat bleibenden Wert?

Kirchlich gesinnt sein heißt, mit der Kirche *fühlen* zu lernen. In helfenden Berufen spielt die »Empathie« eine große Rolle. Empathie ist die Fähigkeit eines Menschen, sich in das Erleben und Empfinden anderer einfühlen zu können. In diesem Sinn heißt es im Brief an die Römer, die Jünger Jesu sollten mit den Weinenden weinen und sich mit denen, die sich freuen, mitfreuen können (12,15). So ist der erste Hinweis von Ignatius: Lerne, mit der Kirche, mit der ganzen Kirche mitzufühlen und ihre Sorgen, Anliegen, Ängste und Hoffnungen zu teilen.

Kirchlich gesinnt sein heißt, eine eigene, *evangeliumsgemäße Vision von Kirche* zu entwickeln. Sicher war Ignatius zunächst verwurzelt in den Traditionen und Gewohnheiten seiner heimatlichen Umgebung. Auf seinem persönlichen Glaubensweg hat er, wie er selbst sagt, in Manresa seine Zeit der »Urkirche« durchlebt: Damals ging ihm existentiell und persönlich das Wesen von Glauben, Evangelium und Kirche, d.h. von Jüngerschaft, auf.

Die Bildworte »wahre Braut Christi« und »Heilige Mutter«, die Ignatius für die Kirche gebraucht, mögen nicht allen entsprechen. Vielleicht fühlt sich jemand mehr angesprochen von Bildworten für Kirche wie »wanderndes Volk Gottes«, »Jüngergemeinschaft Jesu«, »Familie Gottes«. Wichtig ist, daß Kirche so gesehen, erlebt und gelebt werden kann, daß sie sich als Evangelium, als frohe Botschaft offenbart. Kirchlich gesinnt sein heißt, aus der *Haltung der Dankbarkeit* Kirche sehen zu können. – Neun Abschnitte der »Kirchenregeln« von Ignatius beginnen mit: »Man lobe...«. Das mag manchem Leser zuviel sein, vor allem auch im Blick auf manche Inhalte des Lobes. Eines aber dürfte klar sein: So wenig jemand Partnerschaft oder eine Familiengemeinschaft leben kann, ohne auf das Fundament von Dankbarkeit zu bauen, so wenig ist auf Dauer die Gemeinschaft von Kirche lebbar, wenn man sich nicht immer wieder bewußt macht, was die Kirche einem geschenkt hat. Und dies ist viel: einen Raum für die Suche nach Gott, die Gestalt Jesu Christi, das Evangelium, eine Hoffnungsgemeinschaft von Mitglaubenden.

Kirchlich gesinnt sein heißt, *konstruktive Kirchenkritik* zu leben. Wer unfähig zur Kritik ist, ist unfähig zur wirklichen und umfassenden Liebe. Die »ecclesia semper reformanda«, die Kirche, die immer der Reform, der Neuwerdung bedarf, braucht liebevolle Kritik. Ignatius hat sie gekannt und geübt. Diese Kritik hat verschiedenste Kennzeichen:

Sie beginnt mit der Selbstkritik, die weiß, daß man selbst ein Mitglied der kritisierten Kirche ist.

Sie ist »diskrete Kritik«, die viel zuhört, dabei zu lernen sucht, um »hernach um so besser zu antworten bzw. um so besser zu schweigen« – so Ignatius an seine drei Mitbrüder, die am Konzil von Trient teilnahmen.

Sie ist effektive Kritik: Man solle die »schlechten Gewohnheiten von Vorgesetzten ... mit eben jenen Personen besprechen, die ihnen abhelfen können« (EB 362).

Sie ist gelebte Kritik: Ignatius und die Seinen wurden »preti riformati«, Reformpriester, genannt, weil sie selbst Reform vorlebten und sie nicht nur von anderen forderten.

Sie ist »zuvorkommende Kritik«: Es heißt von Ignatius, er habe nicht so sehr einmal gefallene Entscheidungen kritisiert als vielmehr im Vorfeld versucht, ungute Entscheidungen zu verhindern.

Sie ist freimütig-entschiedene Kritik. Eine eindrucksvolle »Kirchengeschichte« von Ignatius gipfelt darin, daß er sagt, er werde eine Sache bis vor dem Papst und dem Kaiser vertreten, auch wenn diese anderer Ansicht seien. Er würde andernfalls nicht wagen, vor das Gericht Gottes zu treten. – Trotzdem könne es sein, daß der Papst und der Kaiser recht hätten...

Sie ist leidende Kritik. Kirchenkritik heißt immer auch, in und mit und an der Kirche zu leiden. Ignatius stand neunmal vor einem kirchlichen Gericht. Er wußte um das Leiden an der Kirche.

Was heißt es darüber hinaus und weiterhin noch, kirchlich gesinnt zu sein?

Kirchlich gesinnt sein heißt, die eigene *Dialogfähigkeit* zu erweitern. Dies wird nirgendwo so deutlich wie in den Regeln, die Ignatius seinen Mitbrüdern zum Konzil nach Trient mitgibt. An jedem Abend läßt er sie darüber austauschen, wie sie sich im Umgang mit den Konzilsteilnehmern verhalten haben. Was für ein Erwerb von »kommunikativer Kompetenz«, wie man heute sagen würde!

Kirchlich gesinnt sein heißt, aus einer *universalen Sicht des Wirkens des Heiligen Geistes* heraus zu leben. Ignatius betont eigens, daß es *derselbe* Geist Gottes ist, der in der Schöpfung, in den Zehn Geboten, in Christus, in der individuellen Lebensgeschichte und in der Kirche wirkt. Zu welcher Weite »zwingt« diese Sicht von Kirche!

Kirchlich gesinnt sein heißt, *mit den Augen des Glaubens* zu sehen. Die genannte schwarz-weiß-Formulierung kann natürlich als völlige Entmündigung christlichen Denkens mißverstanden werden. Sie kann aber auch darauf aufmerksam machen, daß es in der Kirche um eine Perspektive des Glaubens geht. In der Sprache des Evangeliums ausgedrückt: Die Augen sehen »des Zimmermanns Sohn«

– der Glaube aber weiß: »Du bist Christus! Mein Herr und mein Gott. Mein lieber Meister.«

Kirchlich gesinnt sein heißt, *in Weggefährtenschaft mit Jesus und den Seinen zu leben.* »Freunde im Herrn« nannten sich die ersten Gefährten des Ignatius und drückten damit ihre Beziehung zueinander aus. Denn sie hatten erfahren, daß Zugehörigkeit zu Jesus Zusammengehörigkeit untereinander schafft. So wächst Kirche im kleinen und im großen. Und auf diese Weise wächst auch »das wahre Fühlen mit der Kirche«.

Ziel – Mittel

»Er ging voran wie einer, der bereits an dem Ziel stand, welches die Angelegenheiten nehmen konnten. Und dementsprechend fand er für alles Mittel, die sehr verschieden und ungewohnt gegenüber denen waren, die sonst irgendein Mensch fände.«

Aus diesen Worten spricht die unverhohlene Verwunderung und Bewunderung des langjährigen Hausgenossen von Ignatius, P. Luis Gonçalves da Câmara. Wie viele andere erfuhr er dessen ausgesprochenes Gespür für die Beziehung von Ziel und Mitteln, von Weg und Ziel.

Der zentrale Text dazu findet sich freilich nicht in einer Anweisung über die Organisation des Ordens oder des Apostolates, sondern im »Prinzip und Fundament« der Exerzitien. Seiner Bedeutsamkeit wegen soll dieser grundlegende Text ausführlich zitiert werden (EB 23):

»Der Mensch ist geschaffen dazuhin,
Gott unseren Herrn zu loben,
Ihm Ehrfurcht zu erweisen und zu dienen,
und damit *seine Seele zu retten.*
Die anderen Dinge auf der Oberfläche der Erde
sind zum Menschen hin *geschaffen,*

und zwar, damit sie ihm bei der Verfolgung des Zieles helfen,
zu dem hin *er geschaffen ist.*
Hieraus folgt,
daß der Mensch dieselben so weit zu gebrauchen hat,
als sie ihm auf sein Ziel hin helfen,
und sie so weit lassen muß,
als sie ihn daran hindern.
Darum *ist es notwendig,*
uns allen geschaffenen Dingen gegenüber
gleichmütig zu verhalten,
in allem, was der Freiheit unseres freien Willens überlassen
und nicht verboten ist.

. . .

Einzig das sollen wir ersehen und erwählen,
was uns mehr zum Ziele hinführt,
auf das hin wir geschaffen sind.«

Dieser Grundlagentext enthält verschiedene Aspekte der »Zielgerichtetheit« ignatianischer Spiritualität.
Ein Vergleich mit Johannes vom Kreuz etwa zeigt die Eigenart der ignatianischen Denk- und Schreibweise: Johannes vom Kreuz beginnt viele seiner spirituellen Schriften mit einem Gedicht, dessen Strophen er dann auf den inneren Weg des Menschen hin ausdeutet. Ignatius von Loyola hingegen beginnt sein Exerzitienbuch mit methodischen Anweisungen bzw. im »Prinzip und Fundament« mit einer kurzen theo-»logischen« Zusammenfassung. Die »Zielangabe« ist fast nach Art eines Logiklehrbuches aufgebaut: »dazuhin... hieraus folgt... darum ist es notwendig... was mehr zum Ziele führt«.
Der unterschiedliche Schreibstil offenbart auch eine unterschiedliche spirituelle Akzentsetzung. – So sehr für Ignatius Ziel, Mittel und Methoden wichtige geistliche Denkkategorien sind, wird doch durch den Inhalt des »Prinzip und Fundaments« deutlich, daß Ignatius nicht einen trocken-nüchternen, sozusagen »geometrischen« Heiligentyp vor Augen hat. Den Sinn menschlichen Lebens sieht Igna-

tius in dem Maße erfüllt, in dem ein Mensch ins Loben und Preisen und Danken gerät.

Ein weiteres zeigt der Fundamentstext: Für Ignatius kommt es nicht in Frage, auf dem Weg zum Ziel unlautere, schlechte Mittel wie Lügen und spirituelle Tricks anzuwenden. Gegenüber »Dingen«, die verboten sind, d.h. die nicht mit dem Evangelium Jesu Christi übereinstimmen, kann ein Christ nicht »gleichmütig«, indifferent sein. Ein »heiliger Zweck« heiligt nicht unheilige Mittel.

Freilich kennt Ignatius einen sehr ausdrücklichen und bestimmten Sinn, in dem das Ziel die Mittel heiligt: Alles bekommt seinen Sinn letztlich nur in der inneren Ausrichtung auf das ewige Ziel des Menschen hin. Reichtum oder Armut, Gesundheit oder Krankheit usw. sind nicht einfachhin in sich selber sinnvoll oder sinnlos. Erst in ihrer Ausrichtung, in dem, was sie bewirken, entscheidet sich, ob sie sinnvoll, »zielführend« sind oder nicht: Durch Reichtum kann ein Mensch seine Seele ersticken oder ihn sinnvoll einsetzen; durch Überarbeitung kann ein Mensch seine Gesundheit ruinieren; in einer schweren Krankheit kann jemand zu einem letzten, vertrauensvollen Ja zum Leben, zum Sterben und zu Gott hinfinden.

Wenn Ignatius von den Mitteln spricht, dann unterscheidet er die natürlichen und die übernatürlichen Mittel. Damit meint er vor allem das Gebet und das Wachsen in Liebe, Demut und Geduld bzw. die »normalen« menschlichen Mittel wie Beziehungen, Technik, Fachwissen usw.

So sehr nach Ignatius die »übernatürlichen Mittel« den Vorrang haben, so sehr setzt er andererseits alle »natürlichen Mittel« ein. Nichts bleibt unversucht und nichts unüberlegt und intensiv besprochen. Ignatius ließ jeder Sache die Zeit, die sie brauchte. Kein Wunder, wenn seine Maßnahmen dann auch »saßen«. In Rom hieß es über ihn: »Er hat den Nagel schon eingeschlagen.« Das wollte sagen: So sicher ein gut eingeschlagener Nagel sitzt, so solide und haltbar ist eine Sache, die Ignatius einmal angepackt und zu Ende geführt hat. Ignatius hat versucht, die Klugheit der »Kinder dieser Welt« und die Weisheit der »Kinder des Lichtes« zu vereinen. Er war sich gewiß, daß in der *einen* Welt des *einen* Gottes beides zusammengehört.

Der Ignatius so wichtige Zusammenhang von Ziel und Mittel hilft auch, die Ernsthaftigkeit einer Absicht zu überprüfen: Der Wille zum Ziel ist so ernst wie der Wille zu den Mitteln. Wenn ein junger Bursche nach einem Bergsteigerfilm von Gipfelerlebnissen schwärmt, dann heißt das noch nicht sehr viel. Wenn aber einer anfängt, für eine Bergausrüstung zu sparen, sich nach einem Klettergarten umschaut und jeden Tag Klimmzüge übt, also »Mittel« gebraucht, dann kann man sehen, daß es ihm ernst ist mit seinem Ziel.

Ignatius hat es ernst gemeint – mit sich selbst, mit Gott, mit der Hilfe seinem Nächsten gegenüber. Einmal wartete er 14 Stunden lang im Vorzimmer eines Kardinals, bis er ihn sprechen konnte; einmal legte er eine Lebensbeichte ab, um dem Beichtvater zu helfen, daß dieser sich seine eigene Lebensgeschichte mehr zugestehen konnte; einmal sagte er, er sei bereit, sich verkaufen zu lassen, wenn das Deutsche Kolleg in Rom nicht anders zu finanzieren sei. Es gibt viele solche »einmal«. Ignatius hat sich selbst als »Mittel« eingesetzt. Er tat dies im Blick auf Jesus, den Mittler und Vermittler der Liebe Gottes und den Weg zum Vater.

Unsere Vorgehensweise

Manche ignatianischen Grundworte sind im Lauf der Zeit außer Gebrauch gekommen. Zu ihnen gehört die Redewendung »Unsere Weise des Vorangehens«, »noster modus procedendi«. Erst der Generalobere P. Pedro Arrupe hat sie wieder ins Bewußtsein gerufen.

In der Formulierung »Unsere Weise des Vorangehens« drückt sich das Bewußtsein von Ignatius und den ersten Jesuiten aus, einen eigenen Stil zu haben. So wie jede Stilepoche alle Lebensbereiche von der Musik über die Baukunst bis zu den Weisen der Kommunikation prägt, so umfaßt der ignatianische Stil das Selbstverständnis, die Lebensgestaltung und die Weisen der Verkündigung.

Der ignatianische Stil ist geprägt vom Blick auf Jesus Christus: *Er* ist das »Modell«. »Unsere Weise, im Herrn voranzugehen«, heißt es immer wieder. Von diesem Ansatz her zeigt sich, daß jede rein organisatorische, strategische Auslegung daneben greift, und ist verständlich, daß alles, was im Leben des Ignatius Gestalt annahm, aus dem Geist des Gebetes und der Verbundenheit mit Gott entstand. »Hast du schon ›damit‹ gebetet?« ist eine ignatianische Frage für den »modus procedendi«.

Ein Weiteres kennzeichnet den ignatianischen Stil: Er ist sehr wirklichkeitsnah, weltbezogen, »inkarniert«. Vielleicht ist er deshalb auch so »elastisch«. In einer Welt, die sich ändert, die immer in Bewegung ist, die Geschichte hat, braucht es immer neue Weisen der Antwort, immer neue »Positionen« und eine ständige geistige Mobilität.

Wer beweglich ist und neue Wege sucht, steht immer neu vor Entscheidungen. Hier wird die ignatianische Weise des Vorangehens besonders deutlich. Auf die schlichte Frage: »Wie trefft ihr Entscheidungen?«, hat Ignatius eine klare Antwort. Für die individuelle Wahlentscheidung kann er auf die Exerzitien verweisen, in denen Hilfen dazu gegeben werden. Für eine kollektive Suche nach Entscheidungen bietet sich die Methode der »gemeinsamen Entscheidungsfindung«, der sog. deliberatio communitaria, der ersten Jesuiten an. – Die Suche nach verschiedensten Alternativen, nach Prioritäten, nach dem »je Besseren« und das Abwägen aller wichtigen Gesichtspunkte pro und contra einer Sache gehören zum Kernbestand ignatianischer Entscheidungspraxis.

Ebenso hat Ignatius viel Wert auf einen eigenen Stil der Kommunikation gelegt. Eine Fülle von Beobachtungen, Grundsätzen und Einsichten finden sich darüber in Hinweisen für Mitbrüder mit schwierigen Sonderaufgaben wie der Teilnahme am Konzil, ebenso in Anweisungen für das Verfassen von Briefen. Vor allem das aufmerksame Hören und die liebevolle Hochschätzung des anderen sah er als Grundlage der Begegnung an. Die Wirksamkeit der Exerzitien liegt wohl nicht nur in hilfreichen Hinweisen zur Betrachtung begründet, sondern auch in einem außerordentlich menschlichen und freilassenden Kommunikationsstil.

Ein letztes Merkmal ist der universale Ansatz in der Vorgehensweise. Konkret zeigte er sich darin, daß die ersten Jesuiten da waren für die Armen und die Reichen, für die allgemeine Seelsorge an »den vielen« und für die Einzelseelsorge, für die einfachen Menschen und für hochgestellte Persönlichkeiten, für Bettler und »Multiplikatoren«, für Laien und den Klerus. Oft genug mußten einzelne die ganze Bandbreite dieser Spannungsfelder in sich aushalten und austragen. Wenn sie dabei immer wieder an den Weg Jesu erinnert wurden mit seinen Mühen und Spannungen, dann war dies zutiefst die Bestätigung, daß »unsere Vorgehensweise« der Seinen entsprach. Mehr wollten sie nicht.

Erfahrung

»Erfahrung macht dumm!« Dieser Satz, vor einigen Jahren in einer Predigt einer größeren Gruppe von Jesuiten vorgesetzt, ließ aufhorchen. Vor allem, weil er von einem Professor für Erkenntnislehre und Logik gesagt wurde. Eine offensichtliche Provokation! Denn normalerweise würde man ja die Aussage erwarten, daß Erfahrung klug macht. – Was war gemeint? Erfahrung macht dumm, wenn sie nicht immer neuer Erfahrung ausgesetzt wird. Die Erkenntnisse von gestern können zu den Dummheiten von morgen werden, wie die Revolutionäre von heute die Traditionalisten von morgen. Erfahrung macht erfahren, macht klug, macht weise, wenn sie eine dynamische Erfahrung ist, d.h. sich immer neu Lernprozessen aussetzt.

Ignatius war ein Mann der Erfahrung. Er war ein »fahrender Schüler« im Land der Menschen und in der »Gotteswelt«. Er selbst bezeichnete sich als dummen Schüler in der Schule Gottes und hat für sich den Grundsatz des Lernens gelten lassen: »learning by trial and error« – Lernen durch Versuch und Irrtum. Wer schon am Anfang und alles auf einmal wissen und können will und nicht mit Fehlern rechnet, der braucht erst gar nicht mit dem Lernen anzufangen. Lernen braucht sehr viel Demut und Geduld. Der Mensch ist ein Zeit- und Lernwesen. Er bedarf der Zeit, der Bereitschaft zur Selbstkritik und des Mutes, immer wieder neu anzufangen.

Es dauert lange, bis ein Erlebnis zur Erfahrung wird. Eine bloße Vielzahl von Erlebnissen anzusammeln, heißt noch nicht, Erfahrungen zu »machen«. Erfahrung wächst erst, wenn viele Erlebnisse in Beziehung zueinander gesetzt, reflektiert und ausgewertet werden. Solche Erfahrungen, Lebenserfahrungen können im Laufe eines Lebens dazu führen, daß ein Mensch weise wird.

Nur ein in diesem Sinn weiser Mensch kann mit anderen angemessen, differenziert, menschlich umgehen. Daher gehört für Ignatius die Erfahrung zu den unentbehrlichen Eigenschaften eines Generaloberen seiner Gemeinschaft. Sicher sei es gut, wenn einer, »der für so viele Gelehrte verantwortlich sein soll«, selbst in »spekulativen Dingen« bewandert ist; aber noch wichtiger ist für ihn »das verständige Urteil und die Erfahrung« in inneren, geistlichen und äußeren Bewegungen und Abläufen (Konst. 729).

Vor allem die Verschiedenheit der Menschen, der Zeiten, der Umstände erlaubt es nicht, mit bloßen Prinzipien zu arbeiten und zu leiten. Nur durch Erfahrung können Prinzipien und konkrete Wirklichkeit miteinander vermittelt werden. Nur das Taktgefühl beispielsweise, durch den Umgang mit Menschen erworben, sagt, wann es angemessen ist, einem Gesprächspartner eher zurückhaltend oder ganz deutlich, »ungeschminkt«, eine Wahrheit zu sagen. Ein Mensch ohne Erfahrung ist entweder ein Mensch, der bloß Gefühle und Erlebnisse hat, ohne daraus gelernt zu haben, oder er ist ein »Prinzipienreiter«. Wenn Ignatius und Martin Luther auch immer wieder als Antipoden dargestellt wurden, so sind sie sich doch zumindest in der Einschätzung der Bedeutung der Erfahrung einig. Ignatius würde wohl die Aussage Luthers mitunterschreiben:

»*Im deutschen Sprichwort sagt man von einem jungen Arzt, daß er einen neuen Kirchhof haben müsse; von einem jungen Juristen, daß er alles in Streitigkeiten verwickle; von einem jungen Theologen, daß er die Hölle mit Seelen fülle. Denn sie wollen alles ohne die Erfahrung, die allein klug macht, nach ihren Gesetzen und Regeln fertigbringen; darum laufen sie an und irren, sehr den Menschen zum Schaden wie der Sache.*«

Nur die Erfahrung, das betont Ignatius, hilft zur Unterscheidung der Geister. Mag das Verlangen nach »geistlicher Erfahrung« manchmal auch problematisch sein – ohne sie können keine Entscheidungen aus dem Glauben für das Leben gefällt werden.

Klugheit

Zwei Ordensmänner, einer davon Jesuit, frönen dem Laster des Rauchens. Nicht einmal während der Zeit des Breviergebetes halten sie es ohne Glimmstengel aus. Da sie dabei doch ein schlechtes Gewissen plagt, fragen sie bei ihren Ordensoberen nach. Der erste erhält auf seine Anfrage, ob er beim Beten rauchen dürfe, eine Absage. Der Jesuit hingegen bekommt eine Erlaubnis. Wie dies? Er habe einfach gefragt, ob er beim Rauchen – beten dürfe. – Eine ganze Reihe von Anekdoten haben als Clou, daß die Jesuiten, die Angehörigen der SJ, der Societas Jesu, »Schlaue Jungs« seien. Dies ist die freundliche Variante. Weniger gewogen klingen Aussagen, die die Jesuiten als diplomatisch, heuchlerisch, gerissen, verschlagen kennzeichnen.

Auch am Anfang dieses guten und schlechten Rufes steht Ignatius. Als der Heilige starb, äußerte ein Kardinal, die Kirche Gottes habe ihren »allerklügsten Kopf« verloren. Tatsächlich gehört Klugheit zu den hervorstechendsten Eigenschaften von Ignatius. Sie zeigte sich bei ihm auf Schritt und Tritt und war seinem Denken, Reden und Tun anzumerken:

– wenn er in allem auf »das Maß« bedacht war,

– wenn er immer genau die Umstände erwog und den rechten Zeitpunkt abwartete,

– wenn er, wie er zu sagen pflegte, »noch eine Nacht darüber schlafen« wollte,

– wenn er mit verschiedensten Beratern seine Ideen und Vorhaben immer wieder durchging,

– wenn er pro und contra, Gesichtspunkte für und gegen eine Entscheidung abwog und nach verschiedenen Alternativen Ausschau hielt,

– wenn er immer wieder neu abprüfte, ob Ziel und Mittel sich entsprachen,

– wenn er seine vielfältigen Beziehungen zu einflußreichen Männern und Frauen einsetzte,

– wenn er immer wieder im Gebet seine Entscheidung Gott überließ und versuchte, sich innerlich für alle Alternativen offen und frei zu halten,

– wenn er sich wichtige Informationen drei-, vier-, fünfmal vorsagen oder vorlesen ließ, um sie sich genau einzuprägen,

– wenn er mit höchster Aufmerksamkeit zuhörte »und beim Zuhören zu lernen suchte«.

Die Klugheit und besonnene Vorgehensweise von Ignatius zeigen sich in einer ganzen Reihe von treffenden und aussagekräftigen Formulierungen:

– »Nicht das ist stets das Nützlichere, was an sich als das Beste erscheint, sondern das, was unter den gegebenen Umständen das Angemessenste ist.«

– »Nicht alles Gute ist gleich gut, es gilt, das Bessere zu wählen.«

– »Nicht alles auf einmal.«

– »Man soll nie etwas Gutes, sei es noch so klein, aufschieben in der Hoffnung auf Größeres in der Zukunft.«

– »Man darf nicht den Baum umhauen, um die Früchte zu pflücken.«

– »Man darf nicht eines Mißbrauches wegen etwas Gutes abschaffen.«

– »Man soll nicht das Ganze gefährden, um einen Teil zu retten.«

– Und vielleicht das klügste aller Klugheitsworte: »Man kann in der Klugheit auch zu weit gehen. Allzu kluge Leute führen selten große Werke aus.« – Gemessen an seinen großen Werken, war Ignatius klug, nicht allzu klug.

Man mag fragen, woher Ignatius diese Klugheit hatte. Sie hat verschiedene Quellen: ein gesunder Menschenverstand, eine gute Ausbildung am Hof, das Studium an verschiedensten Universitäten, der häufige Umgang mit Leuten »von Welt« und durch Erfahrung erworbener Sachverstand. Er selbst gibt noch einen zusätzlichen, erstaunlichen Hinweis: Das berühmte mystische Erlebnis beim Herabblicken auf den kleinen Cardonerfluß habe ihm »das Verständnis und die Erkenntnis vieler Dinge über das geistliche Leben sowohl wie auch über die Wahrheiten des Glaubens und das menschliche Wissen geschenkt« (PB 30) – mehr als in seinem sonstigen ganzen Leben zusammengenommen.

Vielleicht erklärt dieses rätselhafte Wort auch ein wenig, warum Ignatius zum Erstaunen seiner Umgebung bei der Annahme von Aufgaben manchmal anscheinend »auf alle menschliche Klugheit verzichtete... so, als ob er alles ausschließlich auf das Vertrauen der göttlichen Vorsehung gründen wolle«. In diesem Sinn sagte der Heilige, er wage nicht, eine Sache von Bedeutung zu entscheiden, ohne erst seine Zuflucht zu Gott zu nehmen, auch wenn alle Gründe ihm ganz klar seien.

Seine Klugheit kultivierte er nicht um ihrer selbst willen. Er suchte sie in den Dienst seines Herrn zu stellen. Er stellte sie in den Dienst der Liebe: »unterscheidende Liebe«, discreta caritas, wird sie genannt. Auch das Umgekehrte gilt: Seine Klugheit ist liebevoll.

Gesundes Urteil

»Wenn das Auge selber krank ist – welch eine Finsternis!« (vgl. Mt 6,22–23). Anschaulich stellt Jesus seinen Zuhörern vor Augen, wie verzerrt die Wirklichkeitswahrnehmung von Menschen sein kann: »Die Splitter im Auge anderer nehmt ihr wahr und nicht den Balken im eigenen!« (vgl. Mt 7,3). – Eine verzerrte Optik läßt alles falsch wahrnehmen.

Wie die Augenlinse verkrümmt sein kann, so auch das menschliche Urteilsvermögen. Kaum etwas hält Ignatius für so notwendig wie die Fähigkeit, zu einem »gesunden Urteil« kommen zu können. Geisteskrankheiten, die dieses Urteilsvermögen trüben, gelten für ihn als ein Hindernis für die Aufnahme in die Ordensgemeinschaft. Wer die Wirklichkeit, wer Menschen und Situationen verkehrt wahrnimmt, kann auch nur verkehrt entscheiden und handeln – zum eigenen und der anderen Schaden. Dann werden Menschen an einem falschen Platz eingesetzt; dann werden Talente nicht entdeckt; dann wird zu einem falschen Zeitpunkt eine folgenschwere Entscheidung getroffen; dann werden Arbeitsteams zusammengesetzt, die nicht miteinander auskommen usw.

Teresa von Avila drückte die Hochschätzung der Klugheit und des gesunden Urteils einmal zugespitzt mit den Worten aus: Wenn sie sich zwischen einem »nur« klugen Beichtvater und einem »bloß« frommen entscheiden müßte, dann würde sie den klugen vorziehen. – Man mag einwenden, die Alternative sei falsch gestellt; Teresas Aussage ist jedenfalls deutlich: Es bedarf eines »gesunden Urteilsvermögens« im Umgang mit Menschen. Wer nicht gesund urteilen kann, macht andere krank. Er ist wie ein Arzt, der eine unzutreffende Diagnose stellt und ein falsches Medikament verabreicht. Im Extremfall endet dies tödlich.

Wie kommt ein Mensch zu einem gesunden Urteilsvermögen? Ignatius sagt dazu in den Konstitutionen als erstes, dies sei eine Gabe des Heiligen Geistes und das verständige Urteil werde denen mitgeteilt, die auf Gott vertrauen. Ignatius wäre nicht er selber, wenn er nicht hinzufügen würde, daß der Weg zum gesunden Urteil »mit einigen Hinweisen eröffnet werden« könne. Diese können »zu der Wirkung, die die göttliche Gnade hervorbringen muß, helfen und für sie vorbereiten« (Konst. 414).

Welche Hinweise und Hilfen gibt es für ein gesundes Urteilen? Für Ignatius gehören dazu:
– eine Veranlagung, die schon in der Kindheit, der Jugend, der heimatlichen Umgebung gefördert wurde;
– ein intensives, langes und gutes Studium, das immer mit »Unterscheidungen« arbeitet und so darin schult, eine Sache aus verschiedensten Blickwinkeln zu betrachten;
– vor allem die Erfahrung, die Menschen mit Wirklichkeiten des Lebens konfrontiert;
– die Beratung mit vielen Menschen, mit Fachleuten;
– der Blick aufs Ganze, der sich nicht in Details verliert;
– die Einbeziehung aller Gründe für und gegen eine Sache;
– die Berücksichtigung der »Umstände« und Personen und ihrer Charaktere;
– das beständige Abwägen, ob und wie Ziel und Mittel sich entsprechen.

Für die ignatianische Spiritualität bedeutet die Pflege des gesunden Urteilsvermögens, die Schöpfungswirklichkeit Gottes und die Gabe des eigenen Verstandes ernstzunehmen. Wie dem Menschen eine Seele zum Fühlen gegeben ist, so auch ein Kopf zum Denken.

Dieses Denken muß geschult werden, denn gesundes Urteilen ist etwas anderes als bloße, ungebildete Intuition. Ein Kritiker solcher Intuition – vielleicht hatte er unter der »Intuition« anderer zu leiden – definierte einmal boshaft: »Intuition ist die Fähigkeit mancher Menschen, im Bruchteil einer Sekunde eine Fehleinschätzung zu machen.«

Ob jemand mit geschultem Urteilsvermögen nicht zur Selbstüberschätzung neigt? Ignatius hat wohl darum gewußt. Darum mahnt er ausdrücklich, man solle die Gründe für die eigene Meinung bescheiden vorbringen und auch Gründe, die gegen die eigene Auffassung sprechen. Man solle mit einer Wendung schließen, die erkennen lasse, daß man sich dem Urteil besser Unterrichteter gern anschließe und sich selbst nicht für unfehlbar halte.

Je nachdem

Es gibt viele mehr oder weniger intelligente und witzige Ausbuchstabierungen des Kürzels SJ für den Jesuitenorden, die Societas Jesu. SJ = »Schlaue Jungs« ist wohl die geläufigste. Die zutreffendste, die viel von ignatianischer Spiritualität aussagt, lautet: SJ = »System Je-nachdem«.

Hundertfach findet sich in den Konstitutionen, in den Briefen und in mündlichen Äußerungen von Ignatius die Formulierung »je-nachdem«. Gemeint ist damit, man solle dieses oder jenes so oder so oder auch anders tun, *je nachdem* die Person, die Umstände, die Situation, die Zeit es für gut, passend, angemessen, hilfreich usw. erscheinen lassen. Worin liegt der Sinn dieses bedeutsamen ignatianischen Grundwortes?

Zunächst einmal kann man, wie so oft, einen Hinweis dazu in der frühen Lebensgeschichte des Ignatius finden. Wer am Hofe lebt, muß lernen, sich verschiedensten Situationen anzupassen. Er muß wissen, wie man welche Herren anredet, wie man mit verschiedensten Menschen umgeht, wie man sich auf dem diplomatischen Parkett benimmt usw. Ebenso muß, wer es lernt, den Degen zu führen, auf jede Finte, auf jeden überraschenden Ausfall und Angriff des Gegners reagieren und parieren können. Es ist ein schlechter Offizier, wer seine Taktik nicht immer wieder ändert, *je nachdem* der Gegner agiert und reagiert.

Wer, wie Ignatius, als Pilger lebt, wird aufgeschlossen für die Vielfalt von Landschaften, von Menschen, von Gebräuchen, von Sitten und Gewohnheiten. Er muß sich kleiden, je nachdem wie das Wetter ist; er muß sich benehmen, je nachdem die Eß- und sonstigen Lebensgewohnheiten es erfordern, wenn er nicht bloß ein Fremder, ein belächelter oder auch taktloser Tourist bleiben will.

Dieser Erfahrungshintergrund am Hof und als Pilger hätten freilich nur geholfen, Ignatius zu einem »weltläufigen« und gewandten Lebenskünstler werden zu lassen. Die eigentliche Wurzel des »Je-nachdem« liegt jedoch viel tiefer: in der Menschwerdung, der Inkarnation, d.h. der Fleischwerdung der Liebe Gottes. Gerade in der »Betrachtung der Menschwerdung« stellt Ignatius die Vielfältigkeit des menschlichen Erdenlebens vor Augen: Reiche und Arme, Gesunde und Kranke, Sterbende und Geborenwerdende, Schwarze und Weiße – in alle menschlichen Stände und Zustände hinein, in ihr Innerstes, schenkt sich radikal und total die Liebe Gottes. Gott will alle erlösen und ist in Jesus Christus allen alles geworden.

Wer von dieser Liebe ergriffen und durchformt wird, der läßt sich auf denselben Weg ein. Paulus drückt dies mit den Worten aus:

»Den Gesetzlosen war ich sozusagen ein Gesetzloser – nicht als ein Gesetzloser vor Gott, sondern gebunden an das Gesetz Christi –, um die Gesetzlosen zu gewinnen. Den Schwachen wurde ich ein Schwacher, um die Schwachen zu gewinnen. Allen bin ich alles geworden, um auf jeden Fall einige zu retten. Alles aber tue ich um des Evangeliums willen, um an seiner Verheißung teilzuhaben« (1 Kor 9,21–23).

Die Bewegung der Erlösung durch das Evangelium Jesu

Christi kommt dann zur Vollendung, wenn alles christushaft geworden ist und damit Gott »in allem und allen ist und herrscht« (1 Kor 15,27).

Ignatius war ein paulinischer Mensch. Seine Freunde waren vom selben Geist ergriffen. Von Petrus Canisius, dem »zweiten Apostel Deutschlands«, sagte der Rektor des Prager Kollegs: »Er besitzt die Gabe, allen alles zu sein.« Die Jesuiten in China – wie Matteo Ricci und Adam Schall – versuchten in ihrer Zeit zu leben, was heutzutage »Inkulturation« genannt wird. Freilich brachte die Sorge, dies sei zu sehr eine Anpassung an chinesische Art und fremdes Denken und führe zum Verrat des wahren Glaubens, den Abbruch dieses »Experiments des Glaubens«.

Sicherlich lauern hier Gefahren: die Gefahr einer Überanpassung bzw. einer bloß äußerlichen Anpassung; die Gefahr, über der Inkulturation des Glaubens den Exodus, d.h. den Auszug aus dem Gewohnten zu vergessen, der immer auch zum Glaubensvollzug gehört.

Auch kann das »je-nachdem« in bloße Strategie und Diplomatie entarten und schützt nicht vor der Fehleinschätzung von Situationen und Personen. Und doch weist dieses Wort den Weg des Evangeliums: den Weg zum Menschen und zur Menschwerdung; den Weg zum gläubigen Aggiornamento, d.h. zur »Verheutigung«, zur »Jetztwerdung« des Glaubens. Vor allem weist es den Weg, der für Ignatius so kostbar und tragend geworden ist – Gott in allem und allen zu suchen und zu finden und dabei »allen alles« zu werden.

Maß

»Fratres, verfallen Sie nicht in Extremitäten!« – Die Mahnung des ausländischen Jesuiten-Spirituals an seine jungen Mitbrüder war zwar kein gutes Deutsch, aber gut ignatianisch: Ignatius hält nichts von ungesunden Extremen. Er ist ein Mann des Maßes. Genauer gesagt: Ignatius *wurde* zu einem Mann des Augenmaßes und der Mitte. Er hat aus seinen Fehlern gelernt.

Seine ungestüme, leidenschaftliche Lebendigkeit mußte viele harte Erfahrungen durchmachen, bis sie immer mehr die Gestalt der Liebe annahm. Er hatte sich selbst durch seine Übertreibungen bis an den Rand des Zusammenbruchs gebracht, bevor er anderen zur Mäßigung raten konnte. So etwa dem Herzog Franz von Borja, der später einmal der dritte General der Gesellschaft Jesu werden sollte. Als dieser sich zu sehr durch Fasten, Nachtwachen und lange Gebete schwächte, mahnte Ignatius, der »Anfänger müsse« sich »zügeln und lenken lernen, damit er sich nicht verderbe, während er doch anderen helfen will. Denn ›wer sich selbst feind ist, wem kann ein solcher helfen?‹ (Sir 14,5) ... Um also die Mitte zu halten zwischen Lauheit und Übereifer, besprechen Sie Ihre Angelegenheiten mit dem Seelenführer...«

Ignatius konnte anderen helfen, weil er aus seinen eigenen »frommen Torheiten« gelernt hatte:

»Denn ich weiß, daß die Heiligen diese und andere frommen Torheiten zu ihrem Fortschritt angewandt haben und daß solche Dinge zur Selbstüberwindung und zum Wachsen in der Gnade ihre Bedeutung haben, besonders für den Anfang. Für den aber, der schon mehr Herrschaft über die Eigenliebe besitzt, halte ich das eben Geschriebene für besser, daß man sich nämlich an die goldene Mitte der klugen Mäßigung halten solle« (GB 155).

Das Wort von der »goldenen Mitte« ist ein altes Wort menschlicher Lebenskunst. Seit der Antike wurde die Tugend, die menschliche Lebenstüchtigkeit, als Mitte zwischen zwei Extremen gesehen. Die Tapferkeit z.B. liegt zwischen Feigheit und Tollkühnheit, die Tugend des Maßhaltens zwischen Übertreibung und Untertreibung. Die Tugend vereinigt das, was an den Extremen, den Untugenden Gutes ist: So vereinigt die Tapferkeit in sich die Vorsicht aus der Feigheit mit dem Mut aus der Tollkühnheit. Die Tugend hat immer zwei Pole und gibt so dem Leben seine Spannung.

Eine ähnliche Sichtweise liegt dem scholastischen Kriterium für die Beurteilung von philosophisch-theologischen Aussagen zugrunde: »peccat per excessum, peccat per defectum«, d.h. es »sündigt« jemand denkerisch entweder durch Übertreibung oder durch Auslassen. So etwa, wenn in der Theologie entweder der Mensch und seine Autonomie verabsolutiert oder umgekehrt nur noch Gottes Gnadenwirken gesehen wird und nicht mehr das menschliche Mitwirken mit Gott.

Das Kriterium von Übertreibung oder Auslassung hilft zur Unterscheidung von Wahrheit und Ideologie. Es prüft, ob ein Denken einen Aspekt der Wirklichkeit verabsolutiert oder ganz ausläßt und damit unwahr wird. »Die Wahrheit ist das Ganze« (G.W.F. Hegel).

In diesem Sinne ist die Tugend des Maßes etwas »typisch Katholisches« – katholisch bedeutet »dem Ganzen entsprechend«. Individualismus, Kollektivismus, Nationalismus, Konsumismus, Faschismus, Rassismus – all dies sind Verabsolutierungen einer Teilwahrheit. Sie wirken – wie jeder Extremismus – zerstörend.

Vor allem durch die Überlebensfrage, wie sie sich von der Ökologie her stellt, wird die menschliche Maßlosigkeit als selbstzerstörerische Dynamik offenkundig. Der Mensch handelt nicht mehr »angemessen«, wenn er sich selbst zum alleinigen »Maß aller Dinge« macht und nicht mehr bemerkt, wie er die Grundlagen seines Daseins zerstört.

Gier und Sucht sind Quellen und Erscheinungsformen der Unmäßigkeit. Sie sind Ausdruck dafür, daß im Menschen eine Tendenz zu immer mehr, ja zu einer Unendlichkeit ist, die sich mit der Begrenztheit des eigenen Daseins nicht aussöhnen will. In der Maßlosigkeit wird der Mensch unmenschlich, wird er zum Unmenschen.

Dies gilt auch für die ausdrücklich religiöse Sicht des Menschen. Der Mensch wird Mensch in der Annahme seiner Geschöpflichkeit, d.h. auch seiner Begrenztheit. Es gibt kein Wort, das die menschlichen Grenzüberschreitungen mehr signalisiert als das kleine Wort »zu«: zu viel, zu wenig, zu groß, zu klein, zu dick, zu dünn, zu weit, zu eng, zu heiß, zu kalt, zu süß, zu bitter, zu schnell, zu langsam, zu ... – alles Ausdruck dafür, daß jemand sein Maß nicht gefunden hat, unangemessen reagiert. Darum mahnt Paulus auch, daß jeder nach dem Maß seiner Gnadengabe leben und sich in das Ganze der Gemeinde einfügen soll.

Sicher kann auch das Maß seine Gefahren bergen. »Mäßig«, »nur Mittelmaß« sind Worte, die die Mitte als bloße Durchschnittlichkeit sehen. Diese kann mit der »Lauheit« verglichen werden, von der es in der Heiligen Schrift heißt: »Wärest du doch kalt oder heiß! Weil du aber lau bist, weder heiß noch kalt, will ich dich aus meinem Mund ausspeien« (Offb 3,15–16). Mitte ist nur von der Mittelmäßigkeit unterschieden, wenn sie »radikale Mitte« ist, die Gegensätze einschließt und zum Wesentlichen entschlossen ist. Ihr ist die Spannung zwischen den Polen, in der sie lebt, anzumerken: Milde, die nicht schwächlich ist; Kraft, die nicht hart ist; Fraulichkeit, die Männlichkeit integriert; Männlichkeit, die Frauliches nicht abwehrt ... Vielleicht verspüren wir die Mitte in unserem Leben immer nur einen Augenblick lang – dann, wenn wir diese unsichtbare »Mittellinie« in unserem Herzen überschreiten.

Vermutlich rührt die Nüchternheit, die der ignatianischen Spiritualität zu Recht nachgesagt wird, von dieser ihrer »Maßhaftigkeit« her. Interessanterweise spricht die Schriftstellerin Luise Rinser im Blick auf Ignatius einmal vom »heiligen Maß«, von der Lebensaufgabe, »das Gleichgewicht zu halten auf dem geländerlosen Steg überm Abgrund«, und von der Trunkenheit und Nüchternheit. Die Kirchenväter sprachen von der »nüchternen Trunkenheit«, die der Heilige Geist gibt. In diesem Sinn war Ignatius, der Mann des Maßes, ein geisterfüllter, ein »begeisterter« Mensch.

»Je universaler, desto göttlicher!« – Was hat Ignatius zu dieser Formulierung gebracht?

Vielleicht hat die Zeit, in der Ignatius lebte, dabei eine Rolle gespielt. Sie hatte einen besonderen Zug zum Globalen, Weltumspannenden, Universalen: 1491 wird Ignatius geboren; 1492 entdeckt Kolumbus Amerika; 1521 bekehrt sich Ignatius; 1522 kommt die erste Umsegelung der Erde zu ihrem Ende und erbringt den experimentellen Beweis für die Kugelgestalt der Erde. Ein Reflex davon findet sich bei den Exerzitien in der »Betrachtung von der Menschwerdung«: »betrachten..., wie die drei Göttlichen Personen die ganze Oberfläche oder das ganze von Menschen erfüllte Erdenrund überschauen« (EB 102).

Vielleicht kam der universale Zug in das Leben des Ignatius auch durch seine Karriere am Hof. Als Page und junger Offizier hatte er in einer Atmosphäre gelebt, die etwas vom »Duft der großen, weiten Welt« atmete.

Mehr noch und letztlich entscheidend ist die Spiritualität des Ignatius in dem Sinn universal, daß er einen Gott und Herrn gefunden hat, der der Herr aller Wirklichkeit ist:

Gott ist die Fülle und der Ursprung allen Seins. Er ist der Herr des Universums. Von Christus heißt es im Brief an die Kolosser (1,15–17): »Er ist das Ebenbild des unsichtbaren Gottes, der Erstgeborene der ganzen Schöpfung. Denn in ihm wurde alles erschaffen im Himmel und auf Erden, das Sichtbare und das Unsichtbare, Throne und Herrschaften, Mächte und Gewalten; alles ist durch ihn und auf ihn hin geschaffen. Er ist vor aller Schöpfung, in ihm hat alles Bestand.«

Ignatius weiß sich im Dienst dieses Herrn. Er, der das »Haupt der Kirche« ist (Kol 1,18), gab den Seinen den universalen Auftrag: »Geht hinaus in die ganze Welt, und verkündet das Evangelium allen Geschöpfen!« (Mk 16,16).

So wie es Jesus nicht lange an einem Ort hält, sondern er allen Städten und Dörfern Israels das Evangelium verkünden will, so wie er sich »für die vielen«, »für alle« hingibt, so fühlt Ignatius in sich den Geist Christi, der ihn immer weiter lockt und treibt: »Je universaler, desto göttlicher.«

Die Dimension des Universalen in einer Spiritualität muß mehr qualitativ als quantitativ verstanden werden. Nicht die Zahl der Hausbesuche, der Menschen, zu denen man Kontakt hat, sondern die geistliche Qualität der Begegnung entscheidet über die Universalität: Ich begegne universaler, wenn ich einem einzelnen gegenüber ganz aufmerksam und gegenwärtig bin, als wenn ich noch für 100 Abwesende nebenbei Stoßgebete verrichte.

Freilich besagt die Universalität auch, daß sich das eigene Herzensinnere immer mehr ausweiten läßt. Das II. Vatikanum drückt dies im Dekret über »Die Kirche in der Welt von heute« mit den Worten aus: »Freude und Hoffnung, Trauer und Angst der Menschen von heute, besonders der Armen und Bedrängten aller Art, sind auch Freude und Hoffnung, Trauer und Angst der Jünger Christi« (Gaudium et spes, 1).

Im »ignatianischen Beten« ist Raum für die Welt, die Politik, die sterbenden Bäume, die verhungernden Menschen, die Gefangenen... Das Anschauen der Nachrichten am Fernsehen kann unversehens in die »Betrachtung der Menschwerdung« im Exerzitienbuch übergehen:

»Sehen die Personen, die einen und die andern... in so großer Verschiedenheit sowohl der Kleidung wie des Verhaltens, die einen weiß und die andern schwarz, die einen im Frieden und die andern im Krieg, die einen weinend und die andern lachend, die einen gesund und die andern krank, die einen bei der Geburt und die andern beim Sterben usw.« (EB 106).

In diesem Schauen auf die Welt wird der Mensch nicht alleingelassen. Er schaut mit dem liebenden Gott auf die Menschen, die »einander verwunden und töten« (EB 107). Im Blick auf sie spricht die göttliche Liebe: »Laßt uns die Erlösung des Menschengeschlechtes verwirklichen« (EB 107). Der mitschauende und mitleidende und mitleidige

184

Mensch ist eingeladen, »entsprechend dem, was jeder in sich verspürt, ... unserem Herrn, der soeben Mensch geworden ist, nachzufolgen und ihn nachzuahmen« (EB 109). Wer in der umfassenden Liebe Christi lebt, wird bitten wollen: »Herr, laß meine Liebe immer universaler werden!«

Arbeit und Mühe

Bei einem Besuch in einem Ausbildungshaus für junge Jesuiten fand ich über dem Spülbecken im Gruppenraum die Aufschrift geklebt: »Auf Gott schauen, wie er sich müht – und zurückbesinnen auf sich selbst!«
Was über dem Waschbecken hängend als witzige Einladung zur Mitarbeit gemeint ist, trifft in die Mitte des ignatianischen Verständnisses von Arbeit. Dieses leitet sich ab vom gläubig-mystischen Blick auf den arbeitenden Gott:

»Erwägen, wie Gott um meinetwillen in allen geschaffenen Dingen auf dem Angesicht der Erde arbeitet und sich müht, das heißt, Er verhält sich wie einer, der mühsame Arbeit verrichtet. So zum Beispiel an den Himmelskörpern, Elementen, Pflanzen, Früchten, Tieren usw., indem Er Dasein gibt und erhält, Wachstum und Sinnesleben usw. Dann zurückbesinnen auf mich selbst« (EB 236).

Was für ein Bild von Gott und seinem Wirken! In welchem Licht erscheint hier Arbeiten! – Diese erstaunliche Sicht findet sich in der »Betrachtung zur Erlangung der Liebe«, die Ignatius mit den Worten beginnt: »Das erste ist, daß die Liebe mehr in die Werke als in die Worte gelegt werden muß« (EB 230). Hier spricht der wortkarge Baske, der Mann der Tat und der Menschenkenner, der weiß, wie wir oft schöne Worte von Liebe, von Nächstenliebe machen können und dann im Ernstfall nicht mal den eigenen Dreck wegräumen, geschweige denn mit unserer Kraft wirklich für andere da sind. Für ihn kann Arbeit Ausdruck von Liebe sein.

Dieser Text vom liebend-arbeitenden Gott sagt nicht mehr und nicht weniger, als daß Arbeit als erlöstes Geschehen verstanden und gelebt werden kann. Dies ist eine spirituelle, theologische und geistesgeschichtliche Revolution!

Denn zunächst einmal haftet der Arbeit der »Geruch« von Last, Fluch und Unerlöstheit an. Kein Wunder, daß in vielen Sprachen, wie etwa im Lateinischen »labor«, Arbeit und Mühsal das gleiche Wort oder nahe verwandt sind. Im Germanischen hängt es mit »verwaist sein, zu schwerer körperlicher Tätigkeit verdingtes Kind« und im Slawischen mit »robota« und »Roboter« zusammen. – Überall schimmert das biblische Wort vom verfluchten Ackerboden, von der Mühe der Geburtsarbeit und vom Brot, das sich der Mensch im Schweiße seines Angesichts verdienen muß (vgl. Gen 3,19), hindurch. In der Antike wurde körperliche Arbeit als Sklavenarbeit abgewertet – im Unterschied zu den »freien« Arbeiten wie Wissenschaft, Kunst und Staatsdienst.

Vielleicht hängt die Aufwertung der Arbeit im christlichen Bereich auch damit zusammen, daß nicht wenige der ersten Christen Sklaven waren. Die Erlösungserfahrung: »Es gibt nicht mehr Juden und Griechen, nicht Sklaven und Freie...« (Gal 3,28), relativierte auch den Unterschied von Ständen, Berufsgruppen und verschiedenen Tätigkeitsbereichen.

Das benediktinische »ora et labora« verband auf seine Weise positiv Arbeit und Gebet. Auch die mittelalterliche christliche Mystik hat zur Hochschätzung des Arbeitens beigetragen. Gott in allem zu finden, in der tiefsten Meditation und beim Austeilen der Suppe an einen Armen, das war ebenso die Sicht der »Deutschen Mystik« wie später die von Ignatius.

Aus einer mystischen Schau heraus sieht Ignatius alles menschliche Arbeiten als »geadelt« und geheiligt an; alles Wirken wird zum Mitwirken mit Gott. Ignatius setzt das

186

göttliche und menschliche Schaffen nicht nur in Beziehung zum Schöpfungsgeschehen, sondern vor allem in Beziehung zu Christus, dem »Arbeiter Gottes«. Er, der Rabbi, Lehrer, genannt wird, war zuerst lange Jahre Handwerker, Zimmermann. Er verstand etwas von Arbeit. Ignatius läßt Christus in den Exerzitien zu denen, die Ihm nachfolgen möchten, sprechen: »Ebenso wie ich muß er bei Tag sich abmühen und bei Nacht wachen usw., damit er so nachher auch mit mir Anteil am Sieg erhalte, wie er teilhatte an den Mühen« (EB 93).

Ich erinnere mich, daß es in geistlichen Unterweisungen zum Ordensgelübde der Armut gelegentlich hieß, Armut bedeute für einen Jesuiten, viel zu arbeiten. Darin liegt viel Wahres. Nur zeigt sich in unserer Zeit und Kultur, daß Menschen auch »workaholic«, d.h. arbeitssüchtig, werden können. Ignatius scheint darum gewußt zu haben und rät deshalb in den Konstitutionen seines Ordens »zur Mäßigung in den geistlichen und körperlichen Anstrengungen« (Konst. 822). Manchmal scheinen auch die Mitbrüder darauf geschaut zu haben, daß Ignatius Ruhe fand. Eine Tagebuchnotiz von Pater Gonçalves da Câmara bezeugt dies: »Denn die Sache, um die wir alle uns am meisten besorgen müssen, ist, daß unser Vater in Muße sei; und diese müssen wir ihm besorgen... Denn seine Muße – weil er so vertraut und vereint mit Gott ist – erhält und trägt die ganze Gesellschaft.« – Mystik des Werktags und Mystik des Sonntags gehören zusammen.

Werke

»Ich glaube mir nur noch, was ich tue« – so las ich im Brief eines jungen Mädchens, das mit diesem Vorsatz aus der Welt ihrer Träumereien, Gefühlsaufwallungen und gebrochenen Vorsätze auszubrechen versuchte. Worte sind oft »Schall und Rauch«. Ausdrucksstärker und verläßlicher

sind Taten: »Der Worte sind genug gewechselt, laßt endlich Taten sprechen«, so reden nicht nur Theaterhelden der Klassik, sondern dies ist auch die Sprache des Evangeliums: »Was ihr dem Geringsten meiner Brüder *getan* habt...«; »Nicht wer Herr, Herr *sagt*, sondern wer den Willen meines Vaters *tut*«; »Was er euch sagt, das *tut*...«
Ignatius spricht diese Sprache des Evangeliums, wenn er sagt, daß »die Liebe mehr in die Werke als in die Worte gelegt werden muß« (EB 230).

Peter Faber, einer der ersten Gefährten des Ignatius, habe die Worte eingeteilt, so heißt es, in dahergeredete »Wortworte« (verba verborum), durchdachte »Gedankenworte« (verba cogitationum) und »Werkworte« (verba factorum). Der Mitbruder, der dies überliefert, schreibt weiter:

»Bei dieser Einteilung verstand er unter dem dritten Glied das gute Beispiel der Werke, die einer tut, welches die wirksamste und am meisten verstandene Sprache von allen ist. Ich habe dies gebracht, damit wir verstehen, daß unser Vater diese Sprache am meisten übte, wenngleich er auch die zweite Weise zu sprechen anwandte.«

Es gibt eine Fülle solcher »Werkworte« des Ignatius, die zu sichtbaren Institutionen, zu »Werken« geworden sind:
Für die vielen Prostituierten in Rom gründete er ein »Marthahaus«. Hier fanden Frauen Aufnahme und lohnende Arbeit. Das Neue war, daß sie nicht versprechen mußten, wie dies sonst üblich war, ein Leben nach einer klösterlichen Regel in Gebet und Werken der Buße zu führen; sie konnten, wenn sie innerlich Fuß gefaßt hatten, wieder in das »normale« Leben zurückkehren. – Das »Katharinenstift« sollte schon im Vorfeld helfen, jungen Mädchen, die durch Elend und ungünstige Situationen zu Hause gefährdet waren, eine bessere Startposition für ihr Leben zu schaffen.
Zwei Waisenhäuser gaben jungen Menschen ein Stück Heimat sowie Unterricht und Ausbildung in einem Handwerk.

Für die Gefangenen organisierte Ignatius vielfache Hilfen, unter anderem auch einen Kreis von reichen Männern, die Geld für den Loskauf von Gefangenen aufbrachten.

Für die Armenpflege in Azpeitia arbeitete er einen eigenen Plan aus, der noch heute erhalten ist. Als es im Jahr 1538 in Rom eine Hungersnot gab, nahm Ignatius an die 400 Arme in sein Haus auf und sorgte für etwa 3000 weitere durch Almosen, die er sammeln ließ.

Bei den »Werkworten« von Ignatius fällt auf, daß er zunächst einmal selbst zupackte, wann immer er in Spitälern Kranke pflegte, für Arme bettelte usw. Er sorgte aber auch dafür, daß größere Institutionen geschaffen wurden, die eine dauerhafte Hilfe geben konnten. Daß Almosen allein nicht genügen, war für ihn keine Frage – ebenso wie es für ihn nicht Gegenstand einer theologischen Erörterung gewesen ist, daß Gottesliebe und Nächstenliebe, Glaube und Gerechtigkeit, Evangelium und soziales Tun zusammengehören. Ihm genügte das bloße »und« des Evangeliums Jesu Christi: »Du sollst Gott lieben aus ganzem Herzen *und* deinen Nächsten wie dich selbst. Dies ist das ganze Gesetz und die Propheten« (vgl. Mk 22,37–40). Seine Werke waren für ihn im tiefsten Sinn »opus Dei«, Dienst für Gott, Gottesdienst im Sinne des Evangeliums: »damit sie eure guten Taten sehen und euren Vater im Himmel preisen« (Mt 5,16).

Reine Absicht

In einer heißen Debatte im italienischen Parlament vor einigen Jahren rief ein Abgeordneter einem anderen das Wort »Jesuita« zu. Darauf griff der Parlamentspräsident ein mit der Bemerkung, es sei jetzt wohl der Höhepunkt der gegenseitigen Beschimpfungen erreicht. »Jesuita« bedeutet nach Auskunft heutiger Lexika »Jesuit, Heuchler«. Kaum ein anderer Vorwurf hätte Ignatius so sehr getroffen wie der, seine »Söhne« seien Heuchler. Ein Heuchler ist einer, der so tut als ob, der scheinheilig ist, der auf dem Klavier diplomatischer Tricks zu spielen versteht. Wo bleibt da die »reine Absicht«, die »gerade Absicht«, von der Ignatius so oft spricht?

Nach ihm gilt es, die Absicht in »allen einzelnen Dingen gerade zu halten« und »stets rein danach zu streben, der göttlichen Güte ... zu dienen und zu gefallen« (Konst. 288). Die reine, die gerade Absicht gibt allem seinen Wert. Ohne sie ist und wird alles krumm, trübe, verbogen, unlauter, verlogen.

So sieht dies auch der heilige Augustinus, der die Bedeutungsgeschichte des Begriffs »reine Absicht« mitgeprägt hat. Ausgangspunkt war für ihn die Textstelle aus der Bergpredigt: »Das Auge ist des Leibes Licht. Wenn dein Auge einfältig ist, so wird dein ganzer Leib licht sein; ist aber dein Auge böse, so wird dein ganzer Leib finster sein« (Mt 6,22–23). Als Auge, so Augustinus, müsse man die Absicht verstehen, in der wir handeln. Dies liegt ganz auf der Linie der Aussage Jesu, nicht das mache unrein, was ein Mensch von außen her in sich aufnimmt, sondern das Herz, aus dem die Worte und Handlungen kommen, mache rein bzw. unrein. Fast banal und doch wahr sagt der Volksmund: Dem Reinen ist alles rein!

So sehr die Reinheit der Absicht mit der Einfachheit des Herzens in Beziehung gebracht wird, so wenig ist sie eine »einfache Sache«.

Eine erste Schwierigkeit ist markant in dem Satz ausgedrückt: »Das Gegenteil von gut ist ›gut gemeint‹.« Es kann sein, daß jemand die beste Absicht hat und doch großen Schaden anrichtet. »Wir haben doch nur ihr Bestes gewollt!«, so lautet nicht selten die Klage oder der Vorwurf von Eltern ihren Kindern gegenüber. War es wirklich immer das Beste für die Kinder? Oder steckten nicht oft eigene Interessen dahinter, die den Blick auf das wirkliche Wohl der Kinder verdeckten? Der Pfadfinder, der getreu seinem Motto – »Jeden Tag eine gute Tat« – eine alte Dame über die befahrene Straße zieht, um dann festzustellen, daß sie das gar nicht wollte, ist zwar eine Karikaturgestalt, aber es wird deutlich: Die reine Absicht ist nur dann rein, wenn sie auch auf die wirklichen Verhältnisse, das Gegenüber und den »Erfolg« schaut. Sonst ist die »reine« Absicht nur *meine* Absicht.

Eine zweite Gefahr für die reine Absicht ist die Nähe zu Rechthaberei und Fanatismus. So gesehen ist es nicht verwunderlich, daß das Wort »Ketzer« sich ableitet von »Katharer«, das bedeutet »die Reinen«. Ketzer und Ideologen aller Schattierungen sind Menschen, die ihre Sicht der Dinge für die allein richtige ansehen.

Die wahren »Dogmatiker« dagegen, die Propheten, erfahren ihre eigene Unreinheit. Bevor sie das Wort Gottes verkünden, wird ihr Mund mit einer glühenden Kohle gereinigt, wie dies der Prophet Jesaja schildert (6,6f).

Immer gibt es versteckte ungute Hinterabsichten. Immer neu muß der Mensch sein Herz, sich selbst dem Gott aussetzen, der vom Propheten Maleachi als Schmelzer gesehen wird, der sich vor den Schmelzofen setzt (vgl. Mal 3,2f). Einer, den dieses Bild sehr angesprochen hat, ließ sich von einem Gold- und Silberschmied sagen, daß es genau wie bei Maleachi geschildert sei: Der Schmied setze sich hin und schaue durch eine kleine Öffnung, ob der Moment gekommen sei, das Gold aus dem Ofen zu nehmen. Und dieser Augenblick sei dann gekommen, wenn der Schmied sein Antlitz in der Schmelzmasse erkennen könne.

Ignatius, der Vergleiche liebte, würde sich an diesem Bild und seiner Aussage gefreut haben: Wenn Gott sein Antlitz im Menschen unverzerrt wiedererkennt, dann ist der Mensch rein. Dann gilt auch für den Menschen die Preisung Jesu: »Selig, die reinen Herzens sind, denn sie werden Gott schauen!« (Mt 5,8).

Es ist schlimm, wenn jemand mißbraucht wird. Es ist wunderbar, gebraucht zu werden. Es ist schwer zu verkraften, nicht mehr gebraucht zu werden, »unbrauchbar« zu sein. Kranke, Frührentner, Pensionäre, Eltern, deren Kinder selbständig und nicht mehr zu Hause sind, merken den Übergang zum »Nicht-mehr-gebraucht-Werden« zuweilen schmerzhaft.

Ignatius hat sich zeitlebens als ein Mensch erfahren, der von Gott gebraucht wird – und er ließ sich brauchen. In dem Wort »Werkzeug, das mit Gott verbunden arbeitet« (»instrumentum coniunctum«), kommt dies deutlich zum Ausdruck. Es birgt das ignatianische Bewußtsein, als Jünger, als Apostel, als Knecht im Weinberg vom Herrn der Ernte gebraucht zu werden. Welche Botschaften enthält dieses Bildwort?

Sicherlich zuerst das Staunen, von Gott gebraucht zu werden. Gott will den Menschen für Sein Werk gebrauchen. Er, der »alles gut gemacht hat«, hat »brauchbare« Menschen geschaffen; Menschen, mit denen und durch die hindurch das Werk der Schöpfung und Erlösung zu Ende geführt wird. Das Wort: »Gott hat keine anderen Hände als die unseren«, das man vor allem in der Nachkriegszeit bei Christusfiguren mit abgeschlagenen Händen geschrieben sah, drückt dieses Bewußtsein, »Finger Gottes« sein zu dürfen, aus.

Zugleich enthält das Bildwort vom Werkzeug die komplementäre Botschaft: nur in der Hand des Schaffenden etwas bewirken zu können: »Ohne mich könnt ihr nichts tun!« Eine Nadel zwischen den Fingern der Näherin, ein Skalpell in der Hand des Chirurgen, ein Instrument, gespielt vom Künstler, ein Pinsel in der Hand des Malers – alle Werkzeuge sind nur wirksam durch den, der sie gebraucht, benutzt und führt. – Oft erfahren Menschen, wenn sie anderen helfend, seelsorglich begegnen, wie Gottes Geist gleichsam durch sie hindurch handelt. So kann es sein, daß das entscheidende Exerzitienerlebnis nicht ein kluger Rat des Exerzitienbegleiters ist; es kann eine Werbeschrift auf einer Plakatwand, der Sonnenstrahl in einem dreckigen Hinterhof oder eine alte Frau sein, die eine Exerzitantin bittet, durchs Fenster einzusteigen, um die versehens zugeschlagene Tür von innen zu öffnen.

Wann eignet sich ein Werkzeug für denjenigen, der damit schafft und handelt? Dann, wenn es nicht sperrig und wenn es genau der Aufgabe angepaßt ist. Ein Musikinstrument ist in dem Maß ungeeignet, als es noch »Eigengeräusche« macht, als es den Klang nicht rein wiedergibt. In diesem Sinne möchte Ignatius ein immer geeigneteres Werkzeug in der Hand Christi werden.

In einem Brief an junge, an der Universität in Coimbra studierende Jesuiten wird deutlich, daß es, um als »Werkzeug Christi« geeignet zu sein, nicht in erster Linie auf Fertigkeiten, intellektuelle Höchstleistungen usw. ankommt, sondern vor allem auf die wachsende Liebe. Gott, der den Menschen durch seine Jünger Demut, Liebe und Geduld entgegenbringen möchte, will, »daß die von Ihm gleichsam als Werkzeug benützte unmittelbare Wirkursache – z.B. der Prediger oder Beichtvater – demütig, geduldig und voller Liebe sei«. Dadurch wird ein Bote des Evangeliums »zu einem noch geeigneteren Werkzeug zur Vermittlung der Gnaden als durch das Studium, wenngleich zu einem idealen Werkzeug beides nötig ist« (GB 157).

Diese Sicht macht es verständlich, daß für Ignatius »die Mittel, die das Werkzeug mit Gott verbinden und es dafür bereiten, sich gut von Seiner göttlichen Hand leiten zu lassen, wirksamer« (Konst. 813) sind als bloße Methoden der Pastoral.

Wenn Werkzeuglichkeit des Menschen seine innerste Verbindung zu Gott in Liebe, Demut und Geduld bezeichnet, dann ist sie die höchste personale Erfüllung. Biblische Bilder können dem Menschen, dem Werkzeug in der Hand Christi, Gebetsworte verleihen: Du wahrer Mose, laß mich der Stab in Deiner Hand sein, der aus Felsenherzen Wasser schlägt; Du Heiland und Arzt, laß mich Binde sein, mit der Du Wunden verbindest; Du Quelle des Lebens, laß mich Becher für die Dürstenden sein; Du Weg zu Gott, laß mich Wegweiser am Straßenrand sein; Du guter Hirt, laß mich Deine Flöte sein.

Petrus Faber, der Ignatius besonders gut verstanden hat, notierte einmal: Als ihn jemand um den Dienst des Beichthörens bat, »zum Reinemachen«, sei ihm der Wunsch gekommen, »Besen Christi« zu sein, um »Gewissen rein zu fegen« und die Kirche säubern zu helfen. Auch wenn der »Besen leicht auseinanderfalle« und Schmutz an ihm hängenbleibe, so dürfe er doch hoffen, »im Himmel der glorreiche Besen Christi sein und heißen zu dürfen«. Instrumentum coniunctum, jetzt und immer.

Kontemplativ in der Aktion

Wieder einmal ist es Pater Nadal, den Ignatius selbst als besten Deuter seiner Spiritualität bezeichnet, der mit einer kurzen Formulierung den Nagel auf den Kopf trifft: »Contemplativus in actione«, d.h. kontemplativ im Tun, ist »der ignatianische Mensch«. Genauso gilt umgekehrt: In der Kontemplation ist der betende Mensch aktiv.

Diese Formulierung, die Aktion und Kontemplation vereint, müßte in einer Zeit anziehend sein, die auf der einen Seite von Aktivismus übersprudelt und auf der anderen Seite nach Kontemplation sucht. Die ignatianische Sicht bietet hier eine Synthese und einen Weg an, der den Menschen zur inneren Einheit von beiden hinführen kann.

Zur Zeit von Ignatius war die Frage nach aktivem und kontemplativem Leben die nach zwei verschiedenen Lebensformen: ein Leben »in der Welt« und ein Leben »im Kloster«. Dabei galt die kontemplativ-klösterliche Lebensform zumeist als die »höhere«, bessere. Das ist für Ignatius nicht die Frage. Für ihn kann der Mensch »zur Vollkommenheit gelangen in jeglichem Stand oder Leben, das Gott unser Herr uns zu erwählen anbietet« (EB 135).

Sicherlich gibt es auch bei ihm den Unterschied von Aktion und Meditation. Es ist etwas anderes, ob er jemanden zu einer Kontemplation in Exerzitien hinführt oder einem Mitbruder sagt, er solle einen Krankendienst im Spital tun. Doch ist dieser Unterschied für Ignatius nicht so wichtig. Entscheidend für ihn ist jene Freiheit des Herzens, die zur ständigen Verbundenheit mit Gott in allem führt.

Diese geistliche Wahrheit läßt sich am leichtesten im Blick auf eine menschliche Liebesbeziehung nachvollziehen. Dort zählt nur eines: die gegenseitige Liebe. Ob zwei liebende Menschen miteinander das Essen vorbereiten, ob der eine am Krankenbett des anderen wacht, ob sie in innerer Stille miteinander durch den Wald spazieren, ob sie zärtlich zueinander sind oder in einer Erziehungsfrage hart miteinander ringen, ja, ob sie sich nahe sind oder auch äußerlich getrennt – wichtig, tragend und formend ist in allem das Eine: daß sie einander lieben. In dieser Liebe sind »aktive« und »passive« Weisen des Daseins eins.

Ein Vergleich aus dem Leiblichen kann diese Lebenseinheit von aktiver und kontemplativer Dimension des Lebens anschaulich machen: Der Mensch hat Augen und Hände, er kann schauen und handeln. Beides gehört zu ihm. Beides braucht er zum Leben. Beides ist aufeinander angewiesen, sonst tasten die Hände nur im Dunkeln bzw. kann der Mensch nie erreichen, was er sieht.

Etwas anderes sagt dieser Vergleich noch: Das Auge reicht weiter, als die Hände greifen und die Füße tragen können. Würde jemand dies nicht respektieren, so würde er sich zerstören. Es ist Unsinn, auf alle Gipfel steigen zu wollen, die man sieht. In diesem Sinn ist das menschliche Leben mehr kontemplativ als aktiv. Der Mensch sieht mehr, als er »erreichen« kann. Vieles berührt er nur mit den Augen, im Schauen. Darum darf, ja muß er sich immer wieder Zeit zum Schauen lassen.

Aus diesem Schauen heraus wird das Tun geboren. Im Johannesevangelium steht ein in diesem Zusammenhang sehr vielsagendes Wort: »Der Sohn tut nur, was er den Vater tun sieht« (5,19). Jesus lebt die innere Einheit von Schauen und Tun, von Kontemplation und Aktion.

Noch einmal Pater Nadal:

»Man muß es oft bedenken, daß die vita activa und contemplativa gemeinsam ihren Weg gehen müssen... So reift eine ›vita activa superior‹ (ein ›Leben einer höheren Aktivität‹) heran, in der Tat und Beschauung eins geworden sind... Mit einem Wort: das Wirken der Liebe, die ganz eins ist mit Gott – das ist das vollendete Tun.«

In dieser Sicht des Lebens sind »*Martha und Maria eins*«. Das Gebetsleben leitet unser Wirken und gibt ihm »*innere Geistesfreude und Kraft*«, und »*unsere Arbeit soll das Beten wachsen lassen, ihm Kraft und heilige Fröhlichkeit verleihen*«.

Anima Christi

Seele Christi, heilige mich.
Leib Christi, rette mich.
Blut Christi, berausche mich.
Wasser der Seite Christi, wasche mich.
Leiden Christi, stärke mich.
O guter Jesus, erhöre mich.
Birg in Deinen Wunden mich.
Von Dir laß nimmer scheiden mich.
Vor dem bösen Feind beschütze mich.
In meiner Todesstunde rufe mich,
zu Dir zu kommen heiße mich,
mit Deinen Heiligen zu loben Dich
in Deinem Reiche ewiglich. Amen.

*(Ein sehr altes Gebet, das ein Lieblingsgebet des Ignatius war
und auf das er im Exerzitienbuch mehrfach verweist.)*

Wissenwertes über den Jesuitenorden und seine Gründer

Klaus Mertes SJ / Georg Schmidt SJ
Der Jesuitenorden heute
Topos Taschenbuch 203
Mit s/w Abbildungen
1990. 228 Seiten. Kartoniert

Dieses Buch berichtet aus Anlaß des 450. Ordensjubiläums der „Gesellschaft Jesu" über die Arbeit der Jesuiten. Dabei werden auch besonders die Veränderungen des Ordens in den letzten 10 bis 15 Jahren berücksichtigt. Zugleich soll die sehr verschiedenartige Ausprägung des Wirkens der Jesuiten in der Geschichte des Ordens entfaltet und erklärt werden.

Josef Stierli SJ
Ignatius von Loyola
Auf der Suche nach dem Willen Gottes
Topos Taschenbuch 204
1990. 180 Seiten. Kartoniert

Im Jahre 1991 jährt sich zum 500. Mal der Geburtstag des Ignatius von Loyola. Rechtzeitig zu diesem Jubiläum legt der Jesuit Josef Stierli eine neue Lebensbeschreibung des großen Ordensgründers vor. Die Biographie schöpft nicht nur aus den Quellen, sondern sie läßt an vielen Stellen die Zeugnisse selbst zur Sprache kommen.

Matthias-Grünewald-Verlag · Mainz